KB186578

한국의 토익 수험자 여러분께,

토익 시험은 세계적인 직무 영어능력 평가 시험으로, 지난 40여 년간 비즈니스 현장에서 필요한 영어능력 평가의 기준을 제시해 왔습니다. 토익 시험 및 토익스피킹, 토익라이팅 시험은 세계에서 가장 널리 통용되는 영어능력 검증 시험으로, 160여 개국 14,000여 기관이 토익 성적을 의사결정에 활용하고 있습니다.

YBM은 한국의 토익 시험을 주관하는 ETS 독점 계약사입니다.

ETS는 한국 수험자들의 효과적인 토익 학습을 돕고자 YBM을 통하여 'ETS 토익 공식 교재'를 독점 출간하고 있습니다. 또한 'ETS 토익 공식 교재' 시리즈에 기출문항을 제공해 한국의 다른 교재들에 수록된 기출을 복제하거나 변형한 문항으로 인하여 발생할 수 있는 수험자들의 혼동을 방지하고 있습니다.

복제 및 변형 문항들은 토익 시험의 출제의도를 벗어날 수 있기 때문에 기출문항을 수록한 'ETS 토익 공식 교재'만큼 시험에 잘 대비할 수 없습니다.

'ETS 토익 공식 교재'를 통하여 수험자 여러분의 영어 소통을 위한 노력에 큰 성취가 있기를 바랍니다.

감사합니다.

Dear TOEIC Test Takers in Korea,

The TOEIC program is the global leader in English-language assessment for the workplace. It has set the standard for assessing English-language skills needed in the workplace for more than 40 years. The TOEIC tests are the most widely used English language assessments around the world, with 14,000+ organizations across more than 160 countries trusting TOEIC scores to make decisions.

YBM is the ETS Country Master Distributor for the TOEIC program in Korea and so is the exclusive distributor for TOEIC Korea.

To support effective learning for TOEIC test-takers in Korea, ETS has authorized YBM to publish the only Official TOEIC prep books in Korea. These books contain actual TOEIC items to help prevent confusion among Korean test-takers that might be caused by other prep book publishers' use of reproduced or paraphrased items.

Reproduced or paraphrased items may fail to reflect the intent of actual TOEIC items and so will not prepare test-takers as well as the actual items contained in the ETS TOEIC Official prep books published by YBM.

We hope that these ETS TOEIC Official prep books enable you, as test-takers, to achieve great success in your efforts to communicate effectively in English.

Thank you.

입문부터 실전까지 수준별 학습을 통해 최단기 목표점수 달성!

ETS TOEIC® 공식수험서 스마트 학습 지원

www.ybmbooks.com에서도 무료 MP3를 다운로드 받을 수 있습니다.

ETS 토익 모바일 학습 플랫폼!

ETS 토익기출 수험서 **어플**

구글플레이　앱스토어

교재 학습 지원	• 교재 해설 강의 • LC 음원 MP3 • 교재/부록 모의고사 채점 분석 • 단어 암기장
부가 서비스	• 데일리 학습(토익 기출문제 풀이) • 토익 최신 경향 무료 특강 • 토익 타이머
모의고사 결과 분석	• 파트별/문항별 정답률 • 파트별/유형별 취약점 리포트 • 전체 응시자 점수 분포도

ETS 토익 학습 전용 온라인 커뮤티니!

ETS TOEIC® Book **공식카페**

etstoeicbook.co.kr

강사진의 학습 지원	토익 대표강사들의 학습 지원과 멘토링
교재 학습관 운영	교재별 학습게시판을 통해 무료 동영상 강의 등 학습 지원
학습 콘텐츠 제공	토익 학습 콘텐츠와 정기시험 예비특강 업데이트

*toeic®

토익® 라이팅
기출 ————
공식대비서

토익®라이팅
기출
공식대비서

발행인	허문호
발행처	YBM

편집	정윤영
디자인	이현숙, DOTS
마케팅	정연철, 박천산, 고영노, 김동진, 박찬경, 김윤하

초판발행	2021년 2월 22일
5쇄발행	2024년 9월 20일

신고일자	1964년 3월 28일
신고번호	제1964-000003호
주소	서울시 종로구 종로 104
전화	(02) 2000-0515 [구입문의] / (02) 2000-0463 [내용문의]
팩스	(02) 2285-1523
홈페이지	www.ybmbooks.com

ISBN	978-89-17-23843-3

*toeic®

토익® 라이팅

기출

공식대비서

PREFACE • ━━━━━━━━━━━━━━━━━━━━━

Greetings to all TOEIC® Writing test takers in Korea!

Thank you for selecting 토익®라이팅 기출 공식대비서 to help you prepare for the TOEIC® Writing test. The TOEIC® Writing test enables you to demonstrate your written English communication ability, and with a TOEIC® Writing score on your résumé, you will have a useful credential that lets companies know that you have the skills to communicate effectively in English in real world situations. Proficiency in written English can offer opportunities throughout your life-time, and a TOEIC® Writing score can help provide evidence of that proficiency.

In choosing this book to help you prepare for the test, you have selected the only official test preparation product with real test questions from Educational Testing Service, the organization that makes TOEIC®. Using this new resource will enable you to become familiar with the format and content of the TOEIC® Writing test. You will also be able to practice answering questions that meet ETS's rigorous standards of quality and fairness and that were written by the same assessment specialists who develop the actual TOEIC® Writing test.

Some of the features of 토익®라이팅 기출 공식대비서 include:

- Test questions from TOEIC® Writing tests recently administered in Korea
- Test questions developed by ETS test developers according to the highest standards of reliability, fairness, and validity in assessment
- A variety of sample responses that have been developed by ETS test developers to guide beginners
- The latest strategies and useful expressions reviewed by ETS to prepare for the TOEIC® Writing test

---

In preparing for the test with this book, you can be confident that you are taking the best approach to maximizing your TOEIC® Writing test score.

We are delighted to provide learners with this high-quality resource, and we wish you all the very best success.

출제기관 ETS가 개발한
토익라이팅 공식 수험서

100%
기출문제
독점 수록!

각 파트를 마무리하는 1회분 Actual Test와 Final Test 3회분은 물론, 이 책에 수록된 예제와 전략적용 문제까지 모두 한국에서 시행된 실제 시험의 문제들입니다.

출제기관이
직접 만든
모범 답안!

이 책에 수록된 모든 문제에는 100% ETS에서 직접 만든 모범 답안들이 제공됩니다. 각 파트의 채점 기준에 정확히 맞춰 개발된 이 모범 답안들을 통해 수험자는 시험에 최적화된 답안 작성법을 효과적으로 익히게 될 것입니다.

Advanced
Low/Mid
달성을 위한
핵심 전략

이 책에서는 오랜 시험 분석과 연구를 통해 체계적으로 정리한 토익라이팅 시험 전략을 제공합니다. 이 전략들은 누구나 쉽게 Advanced Low/Mid 이상의 고득점을 얻을 수 있도록 도움을 줄 것입니다.

CONTENTS .————————————

PART. 03

ABOUT THE TEST ●───────

● 시험 소개

시험명	*TOEIC*® Writing Test
출제 기관	ETS
시험 시간	약 60분
문항 수	8문항 (3개 파트)
응시료	84,000원 (VAT 포함) * *TOEIC*® Speaking and Writing Tests는 114,400원 (VAT 포함)
평가 레벨	9개 등급 (0~200점) 최저 Novice Low ~ 최고 Advanced High
성적 발표	응시 후 약 5일 후
시험 접수 및 성적 확인	*TOEIC*® Speaking and Writing Tests 홈페이지(www.toeicswt.co.kr) 또는 모바일 어플리케이션에서 가능

● 시험 구성

구분	문제 유형	문항 수	시간
QUESTIONS 1-5	Write a sentence based on a picture 사진에 근거한 문장 만들기	5	총 8분
QUESTIONS 6-7	Respond to a written request 이메일 답변 작성하기	2	문항당 10분
QUESTION 8	Write an opinion essay 의견 기술하기	1	30분

● 시험 방식

- *TOEIC*® Writing Test는 한국TOEIC위원회의 Computer-based test(CBT) 방식으로 실시합니다.
- ETS 인증 센터 네트워크를 통해 문제가 송신되는 것으로 수험자는 기존의 *TOEIC*® 시험과 같은 지필 방식이 아닌 컴퓨터 상에서 답안을 타이핑하는 방식으로 시험을 치르게 됩니다.
- CBT 방식으로 효율적이고 표준화된 그리고 공정한 방법으로 수험자의 답변을 기록하고 시험 후 피드백을 할 수 있습니다.

● 평가 기준

구분	평가 기준
QUESTIONS 1-5	문법 / 문장과 사진의 관련성
QUESTIONS 6-7	문장 수준과 다양성 어휘 / 전체 구성
QUESTION 8	의견을 적합한 이유와 실례를 들어 제시했는가의 여부 문법 / 어휘 / 전체 구성

● 채점 과정

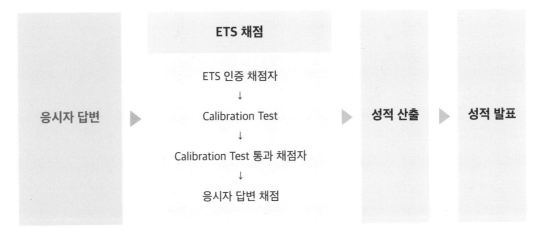

- 채점 총괄 책임자(Scoring Leader)와 시험 개발자들이 채점 과정을 감독합니다.
- Calibration Test란, ETS 인증 채점자가 채점 당일 반드시 치러야 하는 시험으로, 기존에 채점한 답안 중 무작위로 출제되는 답안 내용을 다시 채점하여 기존의 성적 결과와 일정 수준 이상 동일해야만 채점에 참여할 수 있습니다.

● 점수 환산법

등급	세부 점수	QUESTION 8	QUESTIONS 6-7	QUESTIONS 1-5
Advanced High	180-200	5점	4점 / 4점	모두 혹은 거의 모두 3점
		4점	4점 / 3점	
Advanced Mid	160-170	4점	4점 / 4점	모두 혹은 거의 모두 3점
			4점 / 3점	
Advanced Low	130-150	4점	3점 / 2점	대부분 2점
			2점 / 2점	
		3점	4점 / 4점	대부분 2점
			4점 / 3점	
			3점 / 3점	
Intermediate High	110-120	3점	3점 / 2점	대부분 2점
			2점 / 2점	
Intermediate Mid	90-100	2점	3점 / 2점	대부분 2점
			2점 / 2점	
Intermediate Low	70-80	2점	2점 / 1점	일부 2점, 일부 1점
			1점 / 1점	
Novice High	50-60	1점	2점 / 1점	대부분 1점
			1점 / 1점	
Novice Mid/Low	0-40	1점	2점 / 1점	거의 모두 1점
			1점 / 1점	
			무응답이거나 주제에서 벗어남	

- 문제의 난이도에 따라 점수가 달라집니다. 문제에서 요구하는 과제가 더 어려울수록 쉬운 과제들보다 점수의 비중이 높아집니다.
- 1-5번 문제는 0-3점, 6-7번 문제는 0-4점, 8번 문제는 0-5점 범위 내에서 각각 1점 단위로 평가됩니다. 문제 유형 간에는 쉬운 과제보다 어려운 과제에 가중치가 더 적용되고 총점은 0-200점의 점수 범위로 환산됩니다.

● 등급 상세 설명

Advanced High
(180-200점)

대체로 능숙하게 서면으로 의사소통을 하여 대부분의 격의 없는 의사 교류나 격식을 갖춘 의사 교류 상황에서 필요한 의사 전달을 자신 있게 처리할 수 있다. 다양한 일반 영역뿐 아니라 일부 전문/기술 영역도 다룰 수 있으며, 대개 다음 사항을 수행할 수 있다.

- 긴 글을 구성한다.
- 구체적인 하나의 주제를 정확하고 상세하게 묘사한다.
- 주어진 사안에 대한 논점을 제시하며, 때때로 이론적인 가설로 뒷받침하거나 연관된 함의를 설명하기도 한다.
- 다양한 시제와 동사 형태(진행형, 완료형 등)를 정확하고 적절하게 사용한다.
- 언어 학습자의 글을 많이 읽어보지 않았더라도 그 언어를 능숙하게 사용하는 사람이라면 대체로 잘 이해시킨다.

Advanced Mid
(160-170점)

대체로 격의 없는 의사 교류 시에는 대부분, 그리고 격식을 갖춘 의사 교류 시에는 일정 부분 수월하게 서면으로 의사소통할 수 있다. 종합적이고 전문적인 관심사뿐 아니라 다양한 구체적인 주제까지 다룰 수 있다. 서로 연결된 여러 단락으로 이루어진 글에서 주어진 주제를 일관된 증거를 제시하며 충분히 설명할 수 있으며, 대개 다음 사항을 수행할 수 있다.

- 서로 다른 시간대에 발생하는 광범위한 사건들에 대해 상세하게 설명한다.
- 주어진 주제에 대해 비판적 견해와 자신의 견해를 뒷받침하는 타당한 근거를 제시한다.
- 시제와 동사 형태(진행형, 완료형 같은)를 적절하게 사용한다. 복잡한 문법 구조와 어휘 사용 시엔 사소한 격차가 드러난다.
- 구술 담화 패턴에 일부 의존하지만, 대체로 전문적 기준에 부합한다.
- 언어 학습자의 글을 많이 읽어보지 않았더라도 그 언어를 능숙하게 사용하는 사람이라면 대개 이해시킨다.

Advanced Low
(130-150점)

대체로 기본적인 사회적 또는 업무상 필요를 충족시키는 글을 써야 할 경우, 여러 구체적인 사회/ 직장 주제에 관해 알기 쉽게 글을 쓸 수 있다. 중급과 달리, 과거시제로 서술하고 묘사함으로써 고급 수준에 요구되어지는 주요 수행 기능을 일관되게 충족할 수 있다. 또한 간단한 상황에서는 여러 문장을 조합하여 기본적인/최소 길이의 단락을 만들어낼 수 있으나, 접속어 사용과 체계성 면에서 구술 담화와 같은 부족함을 보일 수 있으며, 대개 다음 사항을 수행할 수 있다.

- 다양한 개인적, 사회적, 역사적 사건에 대해 서술한다.
- 다양한 영역에 걸쳐 주어진 사안에 대해 의견을 표명하고 자신의 견해를 뒷받침하는 주장을 한다.
- 다양한 시제를 사용하나, 동사의 형태(진행형, 완료형 같은)에서 가끔 오류가 보인다.
- 정확성, 적절성, 일관성 면에서 종종 발생하는 격차를 완전히 이해하는 데 필요한 최소한의 노력으로, 언어 학습자의 글을 많이 읽어보지 않았더라도 그 언어를 능숙하게 사용하는 사람이라면 이해시킨다.

Intermediate High
(110-120점)

대체로 개인적인 맥락에서는 대부분 의사 전달을 할 수 있으며, 익숙하지 않은 전문적인 관심사 분야와 관련된 주제들에 대처/대응할 수 있는 역량을 보이기도 한다. 흔하게 사용되는 접속어(and, but 같은)와 문장 패턴을 포함하고 있는 단락 길이의 글을 작성할 수 있다. 그러나 일관성 없는 문법 사용과 부정확한 단어 사용에 따라 글의 명확성이 영향을 받을 수 있다. 글이 대체로 구어체이며 장르에 따른 세부적인(직장 중심 같은) 요구에 부합할 수 있는 역량이 엿보이며, 대개 다음 사항을 수행할 수 있다.

- 다양한 분야/배경(개인, 직장)에서 일어나는 사건과 과거의 경험을 설명한다.
- 개인적인 선호도와 향후 목표에 관해 간략하게 설명한다.
- 일반적 관심사인 주제에 대한 의견을 통합한다.
- 다양한 시제를 사용할 수 있는 잠재력을 보이지만, 때때로 과거 시제와 미래 시제를 적절하게 사용하는 데 정확성이 떨어진다.
- 글을 읽는 사람이 언어 학습자의 글에 익숙하며 동조적이라면 대체로 이해시킨다.

Intermediate Mid (90-100점)	대체로 단순하며 개인적인 맥락에서는 의사 전달을 할 수 있다. 짧고 간단한 문장들로 구성된, 느슨하게 연결된 구어체의 글을 작성할 수 있으며, 대개 다음 사항을 수행할 수 있다. ▪ 일반적인 사건 및/또는 과거의 인생 경험을 설명한다. ▪ 개인적인 문제와 관련된 토론에서 선호도를 밝히거나 의견을 표현한다. ▪ 현재 시제를 사용하는데, 다른 시제(동사의 과거형 같은)의 사용을 다소 제한적이고 비일관되게 시도하기도 한다. ▪ 글을 읽는 사람이 언어 학습자의 글에 익숙하며 동조적이라면 이해시키지만, 이해 불가한 정보 분석에 다소 노력을 요한다.
Intermediate Low (70-80점)	대체로 제한된 몇 가지 상황에서는 영어로 유효하게 의사소통할 수 있다. 초급 점수대 수험자와 비교할 때 익숙하고 복잡하지 않은 상황이라면 의사소통을 위해 문장 수준의 글을 일관되게 생성하기 시작하며, 대개 다음 사항을 수행할 수 있다. ▪ 근접한 주변 환경 및 상황과 관련된 친숙한 사건이나 경험 또는 주제를 설명한다. ▪ 요청하고/하거나 요청에 응한다. ▪ 현재 시제를 사용한다. ▪ 글을 읽는 사람이 언어 학습자의 글에 익숙하며 동조적이어야만 이해시키며, 일부 글은 그런 사람들에게마저도 이해가 어려울 수 있다. (누락된 정보나 정확한 문법을 일관되게 사용하지 못함으로 인해)
Novice High (50-60점)	이 등급에 해당하는 수험생은 단순한 사회적 상황에서 친숙하고 예측 가능한 주제에 관해 간단한 의사소통 과제를 수행할 수 있다. 여기에는 친숙한 주제에 대해 의견을 제시하거나 간단하고 단도직입적인 요청에 답변하는 과제가 포함된다. 복잡한 요청에 대해 답변할 때는 많은 제약이 따르며, 대개 다음 사항을 수행할 수 있다. ▪ 의견을 진술한다. (의견을 뒷받침하는 진술이나 자세한 설명은 없다.) ▪ 종종 머뭇거리거나 부정확한 말 때문에 표현에 어려움을 겪는다. ▪ 친숙한 주제에는 학습한 어구를 사용한다. ▪ (단순한 과제일 경우) 짧거나 불완전한 문장으로 대응해 동조하는 청자가 의미를 대강 이해할 수 있는 수준이다.
Novice Mid/Low (0-40점)	**Novice Mid** 대체로 영어로 의사소통하는 데 있어 매우 제한된 역량을 가지고 있다. 초급 하 수험자와 마찬가지로 스스로 생성한 문법적으로 정확한 영어 문장으로는 자기 의사를 유효하게 표현할 수 없다. 그러나 매우 사용 빈도가 높은 단어와/나 구를 사용하여 다음 사항을 수행할 수 있다. ▪ 자신과 일상 활동에 대한 기본적인 정보를 제공한다. ▪ 보이는 사물에 대한 기본적인 세부 정보를 설명한다. ▪ 반복적으로 사용하는 영어 인사말로 사회적 사건/행사에 대응한다. **Novice Low** 대체로 영어로 의사소통하는 데 있어 극히 제한된 역량을 가지고 있다. 그러나 암기 및 연습한 단어와 구를 사용하여 다음 사항을 수행할 수 있다. ▪ 자신에 관한 기본적인 신상 정보를 간단한 형태로 제공한다. ▪ 매우 친숙한 상황과 관련된 일반적인 항목들을 나열한다. ▪ 기본적인 사회적 활동들(인사 같은)을 시도한다.

PART. 01

사진에 근거한 문장 만들기

QUESTIONS 1-5

WRITE A SENTENCE BASED ON A PICTURE

PART. 01 문제 유형과 채점 기준

● 문제 유형

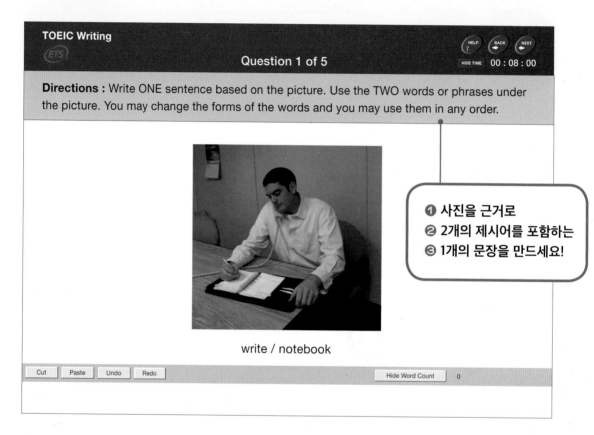

TOEIC Writing

Question 1 of 5

HELP ?   BACK ←   NEXT →

HIDE TIME   00 : 08 : 00

Directions : Write ONE sentence based on the picture. Use the TWO words or phrases under the picture. You may change the forms of the words and you may use them in any order.

write / notebook

Cut   Paste   Undo   Redo   Hide Word Count   0

❶ 사진을 근거로
❷ 2개의 제시어를 포함하는
❸ 1개의 문장을 만드세요!

문제 번호	**1-5**	답안 준비 시간	없음	평가 기준	문법 / 문장과 사진의 관련성
문제 유형	사진에 근거한 문장 만들기	답안 작성 시간	총 **8** 분	채점용 점수	**0-3**

● 채점 기준

점수	3점 만점
평가 요소	문법 문장과 사진의 관련성

평가 지침	3점	**다음 사항을 모두 만족시켜야 한다.** • 하나의 문장으로 구성되어 있으며 문법적인 오류가 전혀 없다. • 두 개의 필수 단어가 모두 적절하게 쓰였다. • 사진과 연관성이 있다.
	2점	**다음 사항을 모두 만족시켜야 한다.** • 하나 또는 두 개 이상의 문장으로 구성되어 있을 수도 있으며 의미를 해치지 않는 하나 이상의 문법적 오류가 있다. • 두 개의 필수 단어를 모두 썼지만 한 문장 안에 들어 있지 않다거나 적절하지 못한 형태로 쓰였을 수 있다. • 사진과 연관성이 있다.
	1점	**다음 사항 중 하나 이상의 특징이 있다.** • 의미를 해치지 않는 문법상의 오류가 있다. • 하나 또는 두 개의 필수 단어를 쓰지 않았다. • 사진과 연관성이 없다.
	0점	**다음 사항 중 하나 이상의 특징이 있다.** • 답안을 작성하지 않았다. • 영어가 아닌 언어로 작성했다. • 의미 없는 문자의 조합이다.

PART. 01 기출 예제와 답안 작성의 전략

● ETS 기출 예제

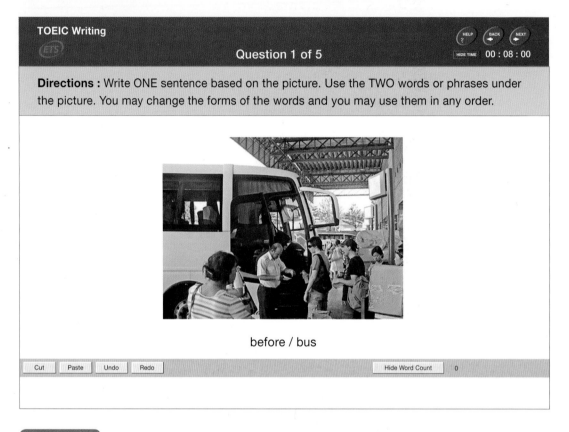

TOEIC Writing

(ETS)

Question 1 of 5

HELP ?   BACK ◄   NEXT ►

HIDE TIME 00 : 08 : 00

Directions : Write ONE sentence based on the picture. Use the TWO words or phrases under the picture. You may change the forms of the words and you may use them in any order.

before / bus

Cut   Paste   Undo   Redo   Hide Word Count   0

ETS 모범 답안

The people are waiting in line **before** they board the **bus**.

사람들이 버스에 탑승하기 전 줄을 서서 기다리고 있다.

평가 포인트

☑ 문법적인 오류가 전혀 없는 한 문장으로 잘 쓰여졌다.

☑ 두 제시어(before / bus)가 모두 포함되어 있다.

☑ 사진과 연관성이 있는 문장이다.

● 답안 작성의 전략

1 최고 점수(3점)의 조건은 '사진 관련성', '제시어 사용', '정확한 문법'뿐이다!

문장이 정교하다거나 길다고 해서 최고 점수를 받는 것은 아니다. 짧고 단순한 문장이더라도 문장의 내용이 사진과 관련 있고, 문장 안에서 제시어 2개를 모두 포함하고, 문법에 오류가 없다면 최고 점수인 3점이 주어진다.

2 사진과 관련만 있다면 문장 내용은 자유롭게 쓸 수 있다!

TOEIC Speaking 시험과 달리, TOEIC Writing 시험에서는 사진의 장면을 그대로 묘사할 필요 없이 사진과 관련된 문장을 작성하기만 하면 된다. 예를 들어, 줄을 서서 기다리고 있는 사람들이 있는 사진이라면, The people are waiting in line.이 아닌 The people wait in line.이라고 답안을 작성해도 문장 자체에는 문법 오류가 없기 때문에 감점의 요인이 되지 않는다.

3 제시어 2개가 반드시 한 문장 안에 포함되어야 한다!

제시어 2개를 모두 사용하여 답안을 작성했더라도 서로 다른 문장에 각각 사용하여 두 문장으로 답안을 작성한 경우에는 최고 점수를 받을 수 없다. 1~5번까지의 경우, 답안을 두 개 이상의 문장으로 작성해도 그 중 하나의 문장에 대해서만 채점한다는 원칙 때문이다.

4 제시어의 형태를 바꿀 수 있다. 단, 문법에 맞게 써야 한다!

제시어들은 필요한 경우 단수형을 복수형으로 쓰거나, 동사의 형태를 수동으로 바꾸거나, 시제를 바꾸어 쓸 수 있다. 심지어 형용사 제시어를 부사로 바꿔 쓰는 것도 가능하다. 단, 이렇게 바꿔 쓴 제시어의 형태가 문장 안에서 문법적으로 오류가 있다면 감점의 요인이 된다. 따라서, 제시어의 형태를 바꿀 땐 이에 맞추어 수의 일치나 품사 관계 등을 꼼꼼히 살펴봐야 한다.

5 답안 작성 시간(8분) 분배에 유의해야 한다!

답안 작성 시간 8분 이내에는 1~5번 문항 간 이동이 가능하다. 그러므로 전반부 문제의 문장이 잘 떠오르지 않는다면, 그 문제만 붙들고 있지 말고 문장을 빨리 만들 수 있는 다른 문제들부터 먼저 풀어서 한두 문제로 인해 다른 문제들까지 못 푸는 일이 없도록 하자.

PART. 영어 문장 쓰기의
01 기본 원칙

TOEIC Writing 1~5번 문제에 대한 답안은 단 하나의 문장만 작성하면 되지만, 그 문장 안에는 문법적인 오류가 없어야 만점인 3점을 받을 수 있다. 수험자들이 자주 범하는 오류들을 미연에 방지해줄 문장 만들기의 기본 원칙을 살펴보자.

1. 명사를 사용할 땐 '수'를 확인할 것!

셀 수 있는 명사 : 하나일 땐 단수, 여러 개일 땐 복수의 형태를 구분해서 취해야 하며, 앞에 관사 a, the나 숫자, some, many, (a) few 같은 수량형용사가 온다.

> **A man** is running.
> **Two girls** are reading.
> **Some people** have books in their hands.

명사가 주어로 사용된다면 뒤에 나오는 동사의 수도 일치시켜야 한다.

셀 수 없는 명사 : 복수 형태로 쓰거나 바로 앞에 a나 숫자도 올 수 없다. 관사 the와 some, much, (a) little 같은 수량형용사는 올 수 있다.

> People are sitting near **water**.
> There is **much snow** on the street.

2. 주어가 행위의 주체인지, 대상인지에 따라 동사의 태를 구분하여 쓸 것!

동사가 나타내는 행위의 주체(주어가 ~을 …한다)라면 동사 부분을 능동태 형태로, 대상(주어가 …되어진다) 이라면 수동태 형태로 알맞게 써야 한다.

능동태 : 주어+동사+목적어
이때, 동사의 시제는 현재나 현재진행형(be동사+-ing)으로 쓰는 것이 무난하며 문맥에 따라 과거시제나 미래시제를 써도 관계없다.

> The woman **reads[is reading]** a book.

수동태 : 주어+be동사+p.p.(과거분사형)(+by+사람)

능동태 문장의 목적어가 수동태 문장에서는 주어가 되므로 뒤에 목적어가 없다. 뒤에 나오는 'by+사람'은
생략해서 쓰는 경우가 많다.

> A book **is read** (by the woman).

3. 동사를 현재시제로 표현할 땐 주어가 3인칭 단수인지 확인할 것!

일반동사의 현재형을 사용할 때, 앞에 나오는 주어가 woman, man 같은 3인칭의 한 사람 또는 car 같은
하나의 사물이라면 동사 뒤에 -s 또는 -es를 붙여야 한다.

> **A woman** takes a bus.
> **The car** stops near the building.

엄밀히 따지면, 현재시제는 반복되는 행동이나 사실, 불변의 진리, 감정 등을 나타낼 때만 사용되지만 토익
라이팅에서는 "사진을 묘사하는" 문장이 아닌, "사진을 기반으로 하는" 문장을 만드는 것이 목적이므로
현재시제를 사용하는 것을 문법 오류로 보지 않는다.

4. 종속접속사 다음에는 주어와 동사를 갖추어 쓸 것!

접속사는 문장 요소끼리 이어주는 말로, 등위접속사는 서로 동등한 역할을 하는 단어나, 구, 절을 연결하지만,
종속접속사는 뒤에 절을 연결한다. '절'이라는 것은 여러 단어의 조합이면서 마치 하나의 문장처럼 주어와
동사가 포함되는 것이다. 따라서 종속접속사 뒤에는 주어와 동사가 반드시 포함되어 있어야 한다.

> He talks **as he writes** notes.
> 종속접속사 주어 동사

이때, while, when, if 등의 종속접속사 뒤에 나오는 절의 주어와 주절의 주어가 동일하다면, '주어+be동사'를
생략하고 '접속사+-ing'의 형태로 쓰기도 한다.

> A man is reading **while** he is **waiting** for the bus.
> A man is reading **while waiting** for the bus.

PART. 01 주요 제시어별 고득점 전략

TOEIC Writing 1~5번 문제의 기출 제시어들은 모두 초등학교 교과서 수준의 쉬운 어휘들이다. 제시어로는 명사, 동사, 전치사, 접속사가 주로 출제되지만, 형용사도 명사와 짝을 이루어 자주 등장하며, 최근에는 부사와 의문사가 출제되기도 한다. 많이 출제되는 제시어 조합으로는 '동사/접속사', '전치사/명사', '동사/명사' 등이지만, 하나의 제시어로만 볼 때 가장 많이 등장하는 품사는 '명사'이다.

1. '명사' 제시어 조합

명사와 함께 제시되는 품사는 전치사, 동사, 형용사, 접속사이며, 명사 제시어를 활용해서 문장을 만들 때는 항상 '수'에 유의해야 한다. 제시어가 셀 수 있는 명사라면, 사진에 여러 개 등장하는 경우 또는 many, some처럼 '수'의 개념을 가진 형용사가 앞에 오는 경우에는 복수 형태로 바꿔야 한다. 또한, 명사 제시어가 문장 속에서 주어로 쓰일 경우에는 뒤에 나오는 동사의 '수'까지 일치시켜야 한다.

☑ 제시어 '명사'는 셀 수 있는 명사인가, 셀 수 없는 명사인가
☑ 제시어 '명사' 앞에 some, many, much 등 '수와 양'을 나타내는 말이 오는가
☑ 제시어 '명사'가 3인칭 단수 주어로 쓰이는가

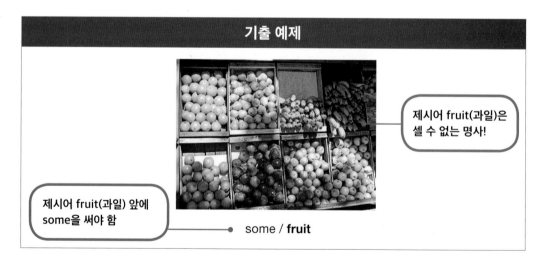

기출 예제

제시어 fruit(과일)은 셀 수 없는 명사!

제시어 fruit(과일) 앞에 some을 써야 함

some / fruit

모범 답안

Some of the **fruit** does not look ripe.
일부 과일은 익지 않은 것 같다.

위 사진에서 과일이 여러 개라 some fruits라고 써야 할 것 같지만, fruit은 대개 셀 수 없는 명사로 쓰이고 특정한 종류에 대해 언급할 때만 셀 수 있는 명사로 쓰인다. 따라서 이 문장에서는 Some이 앞에 와도 단수형을 쓰고 뒤에 나오는 do동사도 does로 수를 일치시킨다.

| 전략적용 문제 |

주어진 제시어 2개를 사용하여 사진과 관련된 문장을 써보세요.

1.

tall / **tree**

_____

2.

many / **watch**

_____

3.

next to / **water**

_____

4.

cart / because

_____

2. '동사' 제시어 조합

동사와 함께 제시되는 품사는 접속사, 명사, 전치사, 형용사이며, 최근에는 의문사와 함께 나오거나 동사 2개가 제시어로 등장하기도 한다. 동사 제시어를 문장 속에 활용할 때의 핵심은 주어인 명사와의 관계를 잘 따져 문법에 맞게 능동/수동형을 쓰거나 수의 일치에서 실수를 하지 않는 것이다.

능동형을 쓰는 경우 대개 동사의 시제는 '지금 ~하고 있는 중이다'라는 의미의 '현재진행시제(be동사+-ing)'를 사용하는 것이 가장 무난하지만, 현재시제나 과거시제를 사용하더라도 문장 자체에 오류가 없다면 감점의 요인이 되지 않는다. 동사의 수동형은 'be동사+p.p.(동사의 과거분사형)'이며 기본 동사들의 과거분사형을 미리 알아두면 도움이 된다.

간혹 look at, pick up 같은 두 단어 이상으로 이루어진 구 동사가 출제되는 경우도 있다.

☑ 제시어 '동사'와 주어 '명사'의 관계는 능동/수동인가
☑ 3인칭 단수 주어가 앞에 오는가
☑ 내가 쓰고 싶은 시제는 현재/현재진행/과거 등 어느 것인가

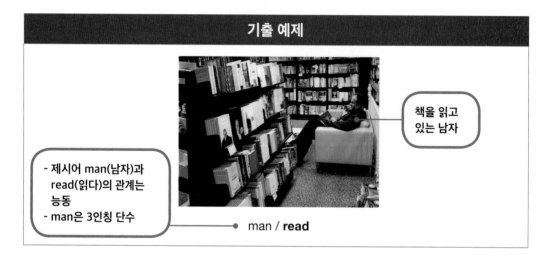

기출 예제

- 책을 읽고 있는 남자

- 제시어 man(남자)과 read(읽다)의 관계는 능동
- man은 3인칭 단수

man / **read**

모범 답안

The man reads.
남자가 (글을) 읽는다.

The man is reading a book.
남자가 책을 읽고 있다.

위 사진에서 주어를 book(책)으로 하면 동사 read와 주어 book의 관계가 수동으로, 아래와 같이 답안을 작성할 수 있다. 단, 반드시 수동형을 써야 하는 상황이 아니라면 능동형으로 쉽고 간단한 문장을 작성하는 것을 권한다.

The book is read/is being read by the man.   • 동사 read의 과거분사형은 read이다.
책이 남자에 의해 읽혀진다/읽혀지고 있다.

| 전략적용 문제 |

주어진 제시어 2개를 사용하여 사진과 관련된 문장을 써보세요.

1.

prepare / dinner

_____

2.

man / **sweep**

_____

3.

pick up / apple

_____

4.

decide / if

_____

3. '전치사' 제시어 조합

전치사와 함께 제시되는 품사는 명사, 동사, 형용사이며, 특히 전치사는 명사 앞에 연결되어 장소나 위치 관계를 설명하는 데 쓰이므로 주요 전치사는 물론, 자주 출제되는 전치사구를 숙어처럼 암기해두면 문장 만들기가 용이해진다. next to, near, outside, behind 등은 제시어로 자주 출제되는 전치사들이다.

☑ 제시어 '전치사'의 의미는 무엇인가
☑ 제시어 '전치사'와 함께 어울려 전치사구를 이룰 수 있는 명사는 무엇인가

기출 예제

서로 인접한 두 개의 명사
woman, dog

next to의
의미는
'~ 옆에(인접)'

dog / next to

모범 답안

The dog is sitting **next to** the woman.
개가 여자 옆에 앉고 있다.

■ 빈출 전치사

전치사	의미	기출 예
next to	~ 옆에	sit **next to** ~ ~ 옆에 앉다
near	~ 가까이에	stand **near** ~ ~ 가까이 서다
outside	~ 밖에	**outside** the building 건물 밖에
behind	~ 뒤에	wait **behind** ~ ~ 뒤에서 기다리다
in front of	~ 앞에	sit **in front of** ~ ~ 앞에 앉다

전치사	의미	기출 예
in	~ 안에	There is/are 물건/사람 **in** ~ ~에 물건/사람이 있다
on	~ 위에	write **on** ~ ~ 위에 적다
on top of	~ 맨 위에	**on top of** plates 접시 맨 위에
between	~ 사이에	**between** two ~ 두 개의 ~ 사이에
for	~을 위해서	wait **for** ~ ~를 기다리다

| 전략적용 문제 |

주어진 제시어 2개를 사용하여 사진과 관련된 문장을 써보세요.

1.

next to / building

_____

2.

woman / **behind**

_____

3.

between / chair

_____

4.

clean / **outside**

_____

4. '접속사' 제시어 조합

접속사와 함께 제시되는 품사는 동사, 명사, 형용사이며, 전체적으로 볼 땐 and, but 등의 등위접속사보다는
'이유/시간/목적/조건' 등의 부사적인 의미를 나타내는 because, as 같은 종속접속사의 출제 빈도가 높다.
특히 절과 절만을 연결하는 종속접속사 뒤에는 주어, 동사를 갖춰 써야 하는 것에 유의해야 한다. 또한 접속사는
아니지만 뒤에 동사원형을 취하여 '목적(~하기 위해)'의 의미를 갖는 in order to와 뒤에 to부정사나 절이 오는
의문사 how, which 등도 종종 출제된다.

☑ 제시어 '접속사'의 의미는 무엇인가
☑ 제시어 '접속사'와 연결하여 이유/시간/목적/조건 등을 나타낼 내용이 있는가
☑ 제시어 '접속사'가 종속접속사라면 연결되는 절 안에 주어와 동사가 있는가

기출 예제

동시 동작:
전화 통화, 메모하기

as의 의미는
'~하면서
(동시 동작)'

talk / **as**

모범 답안

The man is talking on the phone **as** he writes on the paper.
남자가 종이에 적으면서 통화를 하고 있다.

■ 빈출 접속사

등위접속사	의미
and	~와/과, ~하고
but	~하지만, 그러나
so	~해서, 그래서

종속접속사	의미
because	~하기 때문에 (이유)
as	~하면서 (시간/동시 동작)
after	~ 한 후에 (시간)
before	~ 하기 전에 (시간)
since	~한 이래로 (시간), ~하기 때문에 (이유)
while	~하는 동안 (동시 동작)
until	~할 때까지
whenever	~할 때마다
if	~한다면 (조건), ~인지 아닌지
though	~함에도 불구하고 (양보)
whether	~인지 아닌지

| 전략적용 문제 |

주어진 제시어를 사용하여 사진에 맞는 문장을 만들어 보세요.

1.

table / **and**

_____

2.

watch / **while**

_____

3.

open / **in order to**

_____

4.

show / **how**

_____

PART. 01 빈출 사진별 필수 표현

① 회사

서류를 보다	look at the paper
문서를 읽다	read a document
서류 작업을 하다	do some paperwork
전화 통화하다	talk on the phone
메모하다	write notes / write on the paper
펜으로 적다	write with a pen
책상 뒤에 앉다	sit behind a desk
테이블 둘레에 앉다	sit around the table
서로 이야기를 나누다	talk to each other
대화하다	have a conversation
~ 사용법을 알려주다	show how to use ~
회의하다	have a meeting
발표하다	give a presentation
도표를 그리다	draw a chart
~의 의미를 설명하다	explain what ~ means
~을 가리키다	point at ~
컴퓨터로 작업하다	work on a computer
키보드에 타자를 치다	type on a keyboard
화면을 보다	look at the screen / watch something on the screen
복사하다	make copies
~에게 종이를 건네다	hand / give a piece of paper to ~
~이 시작되기를 기다리다	wait for ~ to start
~ 뒤에 서다	stand behind ~
계획(안)을 의논하다	discuss one's plan
정장을 입고 있다	be wearing suits
팔짱을 끼다	fold one's arms
설치되고 있다	be being installed

② 길거리·공원

산책하다	go for a walk
개를 산책시키다	walk the dog
야외에서 걷다	walk outside
~를 가로질러 걷다	walk across ~
~쪽으로 걷다	walk to / toward ~
거리를 / 길을 걷다	walk along the street / path
인도 위를 걷다	walk on the sidewalk
자전거 / 오토바이를 타다	ride a bicycle / motorcycle
유모차를 밀다	push a baby stroller
날씨가 좋다.	The weather is nice.
파라솔 아래 있다	be under a parasol
나란히 앉다	sit next to each other
벤치에 앉다	sit on the bench
~ 근처에 서다	stand near ~
~ 옆에 서다	stand by ~
~에 기대다	lean against ~
~을 지나가다	pass by ~
야외에서 놀다[게임을 하다]	play outside
(바닥을) 쓸다	sweep
~ 옆에 있다	be next to ~
거리에 ~이 많다	there are many ~ on the street
모여 있다	be gathered
무리 지어 서다	stand in a group
사진을 찍다	take photograph
밝게 빛나다	shine brightly
~라고 써 있는 간판이 있다	there is a sign saying ~
땅을 파다	dig on the ground
자전거를 점검하다	check the bicycle
캔버스 위에 그림을 그리다	draw on a canvas
물에 떠 있다	be floating in the water
부두에 묶여 있다	be tied to a pier

③ 주차장 · 교통수단

차/지하철/버스에 타다	get into the car/subway/bus get on the car/subway/bus
차에서 내리다	get out of the car/get off the car
차 안에 ~를 넣다	put ~ in the car
~을 차에 싣다	load ~ into the car/carry ~ to the car
~에 주차되어 있다	be parked ~
출발하다	leave
주차장에 차가 별로 남아 있지 않다.	Few cars are left in the parking lot.
~에 수화물이 많이 있다	there is a lot of baggage ~
가방을 찾다	look for one's luggage
버스/기차를 기다리다	wait for a bus/train
줄 서서 기다리다	wait in line

④ 가정

방 안에 ~가 있다	the room has ~ (in it) there is/are ~ in the room
바닥 청소를 하다	clean the floor
밖에서 청소하다	clean outside
저녁식사를 준비하다	prepare dinner
쓰레기가 버려지고 있다	garbage is being dumped
~ 위에 놓여 있다	be placed on ~
벽에 걸려 있다	be hanging on the wall
벽에 붙어 있다	be attached to the wall
천장에 매달려 있다	be hanging from the ceiling
벽에 세워져 있다	be standing along the wall
바닥에 쌓여 있다	be stacked on the floor
~ 위에 정리되어 있다	be arranged on ~
~을 톱으로 자르다	cut ~ with the saw
소파에 앉다	sit on a sofa

⑤ 시장·상점

(상점이) 열려 있다, 영업 중이다	be open
둘러보다	look around
계산대에서 지불하다	pay at the counter
(물건 등을) 집어 올리다	pick up
입어보다 / 신어보다	try on
~을 많이 판다	sell many ~
~ 위에 진열되어 있다	be displayed on ~
선반 꼭대기에 ~이 있다	there is / are ~ on the top shelf
~로 장식되어 있다	be decorated with ~
포장되어 있다	be packed
~로 채워져 있다	be filled with ~
~ 안에 쌓여 있다	be piled up in ~

⑥ 식당·카페

주문을 받다	take an order
메뉴를 보다	look at the menu
~인지 아닌지 결정하다	decide if ~
(음식 등이) 서빙되고 있다	is / are being served
잔에 물을 채우다	fill a glass with water
~을 컵에 따르다	pour ~ into a cup

⑦ 도서관·서점

책을 잡다 / 들다	hold a book
책을 읽다	read a book
책장을 넘기다	turn pages of a book
책장에서 책을 꺼내다	take a book from the bookshelf
책상에 앉다	sit at the desk

PART.01 ACTUAL TEST

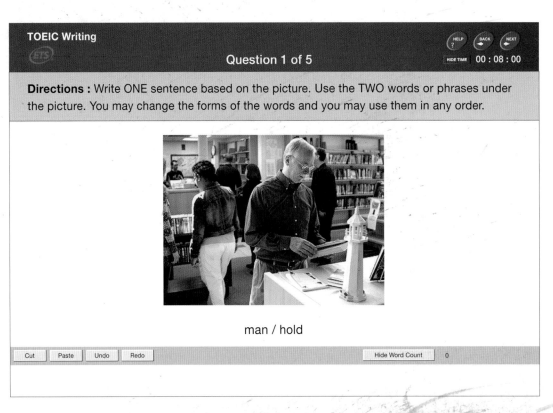

Directions : Write ONE sentence based on the picture. Use the TWO words or phrases under the picture. You may change the forms of the words and you may use them in any order.

man / hold

Cut   Paste   Undo   Redo   Hide Word Count   0

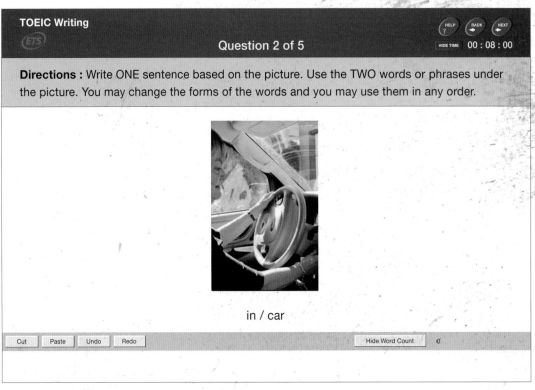

Directions : Write ONE sentence based on the picture. Use the TWO words or phrases under the picture. You may change the forms of the words and you may use them in any order.

in / car

Cut   Paste   Undo   Redo   Hide Word Count   0

TOEIC Writing

(ETS)

HELP ?   BACK ←   NEXT →

HIDE TIME   00 : 08 : 00

Directions : Write ONE sentence based on the picture. Use the TWO words or phrases under the picture. You may change the forms of the words and you may use them in any order.

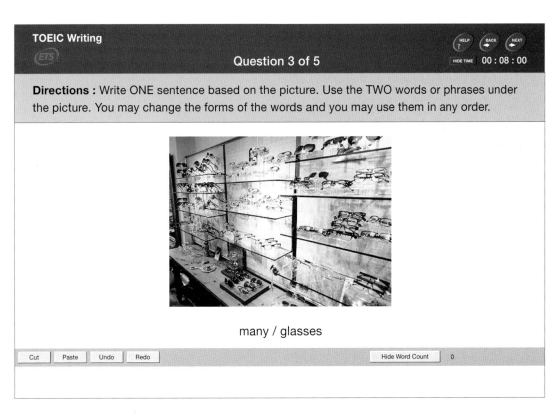

many / glasses

| Cut | Paste | Undo | Redo | | Hide Word Count | 0 |

TOEIC Writing

(ETS)

HELP ?   BACK ←   NEXT →

HIDE TIME   00 : 08 : 00

Directions : Write ONE sentence based on the picture. Use the TWO words or phrases under the picture. You may change the forms of the words and you may use them in any order.

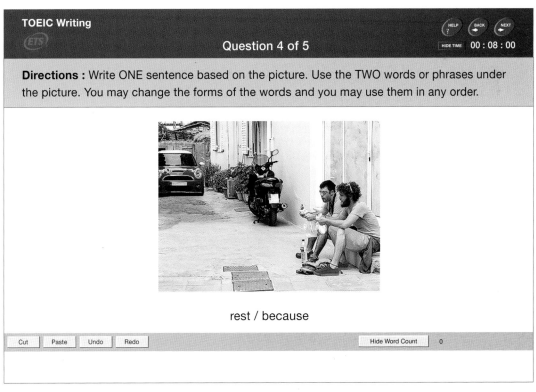

rest / because

| Cut | Paste | Undo | Redo | | Hide Word Count | 0 |

Directions : Write ONE sentence based on the picture. Use the TWO words or phrases under the picture. You may change the forms of the words and you may use them in any order.

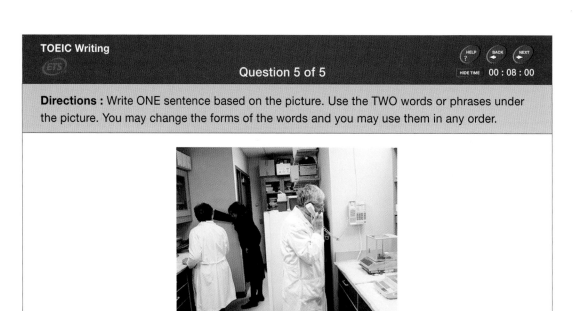

talk / as

Cut | Paste | Undo | Redo

Hide Word Count | 0

PART.
02

이메일 답변 작성하기

QUESTIONS 6-7

RESPOND TO
A WRITTEN REQUEST

PART. 02 문제 유형과 채점 기준

● 문제 유형

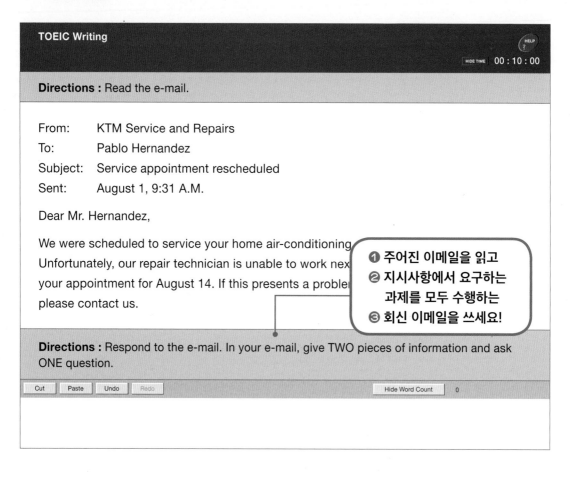

TOEIC Writing

HELP ?

HIDE TIME | 00 : 10 : 00

Directions : Read the e-mail.

From: KTM Service and Repairs
To: Pablo Hernandez
Subject: Service appointment rescheduled
Sent: August 1, 9:31 A.M.

Dear Mr. Hernandez,

We were scheduled to service your home air-conditioning
Unfortunately, our repair technician is unable to work nex
your appointment for August 14. If this presents a problem
please contact us.

❶ 주어진 이메일을 읽고
❷ 지시사항에서 요구하는
  과제를 모두 수행하는
❸ 회신 이메일을 쓰세요!

Directions : Respond to the e-mail. In your e-mail, give TWO pieces of information and ask ONE question.

Cut | Paste | Undo | Redo

Hide Word Count | 0

문제 번호	6-7	답안 준비 시간	없음	평가 기준	문장 수준과 다양성 / 어휘 / 전체 구성
문제 유형	이메일 답변 작성하기	답안 작성 시간	문항당 10분	채점용 점수	0-4

채점 기준

점수	4점 만점
평가 요소	문장 수준과 다양성 어휘 전체 구성

평가 지침		
	4점	**지시사항에서 요구하는 정보, 지시, 질문 등을 명확하게 전달하는 다양한 문장을 씀으로써 과제에서 요구하는 모든 사항을 효과적으로 수행한다.** • 논리적으로 구성되어 있거나, 적절한 연결어를 사용하고 있거나, 또는 두 요소 모두를 포함하여 문장들 간의 일관성을 유지하고 있다. • 이메일을 받을 사람에게 적절한 어조와 언어 형태로 구성되었다. • 문법과 어법에 일부 오류가 있지만 글의 의미를 해치는 정도는 아니다.
	3점	**대체로 성공적인 응답이지만, 지시사항에서 요구하는 과제 중 하나를 만족시키지 못한다.** • 지시사항에서 요구하는 과제 중 하나에 대해 응답을 하지 않았거나, 제대로 응답하지 못했거나, 미완성인 채로 끝냈다. • 적어도 일부분은 논리적으로 구성되었거나 적절한 연결어가 사용되었다. • 이메일을 받을 사람을 어느 정도 고려해서 응답을 썼다. • 하나 정도의 문장에서 문법과 어법상의 중대한 오류 때문에 의미가 모호해지는 경우가 있다.
	2점	**여러 부분에서 결점이 드러난다.** • 지시사항에서 요구하는 과제 중 하나에 대해서만 응답을 했을 수 있다. 또는 두세 개의 과제에 대해 제대로 응답하지 못했거나, 미완성인 채로 끝냈을 수도 있다. • 생각들 간의 논리적인 연계성이 없거나 모호하다. • 이메일을 받을 사람을 거의 고려하지 않은 채 응답을 썼다. • 두 개 이상의 문장에서 문법과 어법상의 오류 때문에 의미가 모호해지는 경우가 있다.
	1점	**답변에 심각한 결함이 있고, 지시사항에서 요구하는 정보, 지시, 질문 등을 거의 또는 전혀 다루지 않고 있다.** • 답변에 질문과 관련된 내용이 포함되어 있을 수는 있지만 지시사항에서 요구하는 과제 중 제대로 응답한 것이 아무것도 없다. • 생각들 간의 논리적인 연계성이 없거나 모호하다. • 어조와 언어 형태가 이메일을 받을 사람에게 적절하지 않을 수 있다. • 문법과 어법상의 오류가 많기 때문에 내용 대부분의 의미를 알기 어렵다.
	0점	**문제에 나온 단어들을 그대로 옮긴 것에 지나지 않다.** • 주제에서 벗어났거나 주제와의 연결성이 없다. • 영어가 아닌 다른 언어로 작성했다. • 아무런 의미가 없는 문자들의 조합이다. • 답변을 작성하지 않았다.

● **ETS 기출 예제**

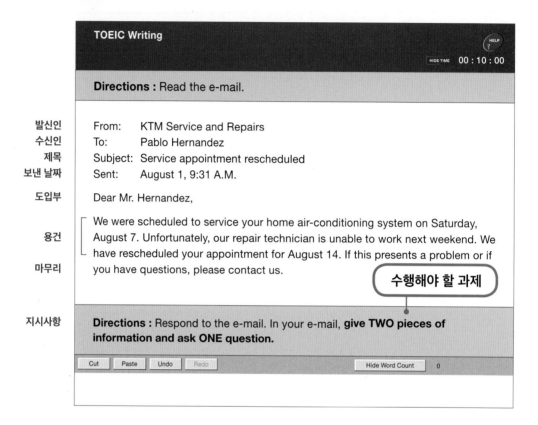

발신인 수신인 제목 보낸 날짜 — 이미지

| 구분 | 내용 |

TOEIC Writing

Directions : Read the e-mail.

발신인
수신인
제목
보낸 날짜

From: KTM Service and Repairs
To: Pablo Hernandez
Subject: Service appointment rescheduled
Sent: August 1, 9:31 A.M.

도입부

Dear Mr. Hernandez,

용건

We were scheduled to service your home air-conditioning system on Saturday, August 7. Unfortunately, our repair technician is unable to work next weekend. We have rescheduled your appointment for August 14. If this presents a problem or if you have questions, please contact us.

마무리

수행해야 할 과제

지시사항

Directions : Respond to the e-mail. In your e-mail, **give TWO pieces of information and ask ONE question.**

Cut | Paste | Undo | Redo   Hide Word Count | 0

ETS 모범 답안

도입부 | Hi,

용건 | (질문) What time will the technician come to do the repair? (정보 1) I will be home in the morning, but I have a lunch meeting in the afternoon. (정보 2) I do not want to reschedule my meeting. If the technician is scheduled to come in the afternoon, I will need to change the appointment date.

마무리 | Thanks!

평가 포인트

☑ 지시사항에서 제시된 모든 과제(2개의 정보와 1개의 질문)를 포함하여 잘 쓰여졌다.

☑ 냉방기 서비스 센터에서 온 이메일에 고객으로서의 적절한 어조로 회신하였다.

☑ 이메일의 구성에 맞추어 논리적이고 일관성 있게 답안을 작성했다.

● 답안 작성의 전략

1 최고 점수(4점)를 목표로 한다면 '지시사항의 모든 과제 수행'은 기본이다!

6-7번 문제에서는 답안을 이메일 회신의 형태로 작성하게 되어 있지만, 수험자의 이메일 쓰기 능력을 보려는 것이 아니라, 영어로 정보를 제공하고 문의할 수 있는 능력을 측정하는 것이 본 목적이다. 따라서 지시사항에서 요구하는 과제들을 충족시키는 문장들이 이메일 안에 반드시 포함되어야 최고 점수를 받을 수 있다.

2 이메일의 격식보다는 '내용'이 중요하다!

간단한 인사와 맺음말 정도 외에는 비즈니스 이메일에서 전형적으로 사용되는 격식을 갖추는 문장들을 반드시 사용할 필요는 없다. 이런 문장들을 갖추더라도 정작 이메일의 용건에 문제에서 요구하는 지시사항의 과제들이 그 내용에 빠져 있다면 감점의 요인이 된다.

3 이메일 상대에게 맞는 적절한 어조를 써야 한다!

TOEIC Writing 6-7번에서 다뤄지는 이메일은 90% 이상이 업무, 홍보, 고객서비스 등의 비즈니스 관련 내용이다. 따라서 지나치게 격식을 갖추는 이메일은 아니더라도, 친구들끼리 나누는 개인 이메일처럼 작성해서도 안 된다.

4 문법보다는 '논리'와 '일관성'이 중요하다!

1-5번 문제에서는 문법 오류가 없어야 했다. 하지만 6-7번에서는 일부 문법/어법 오류가 있더라도 내용을 해치지 않는 정도라면 감점의 요인이 되지 않는다. 문법보다는 이메일의 흐름이 논리적인가, 전개되는 내용에 일관성이 있는가를 우선시하여 평가한다.

5 답안 작성 시간(각 문항 10분) 분배에 유의해야 한다!

답안 작성 시간은 문항당 10분이며, 10분이 되기 전에 6번 답안 작성을 마치고 7번으로 이동하는 것은 가능하지만, 10분 내에 6번 답안 작성을 마치지 못하는 경우에는 자동으로 7번 문항으로 넘어가게 된다. 따라서 6번 문제가 시작되면 2분 정도 문제 메일과 지시사항의 내용을 숙지한 후 지시사항을 충족시키는 용건의 내용부터 구상해야 한다. 그리고 남은 6분간 용건 중심으로 작성한 후, 마지막 2분을 이용해 전체 흐름과 오류 등을 점검한다.

PART. 02 이메일 쓰기의 기본 패턴

TOEIC Writing에서 요구하는 이메일은 용건 위주의 비교적 간단명료한 비즈니스 이메일이다. 그러나 간단한 이메일이라도 '도입부-용건-마무리'의 체계적인 흐름을 따라 작성하는 것이 논리적인 이메일을 쓰는 데 도움이 된다. 각 부분에 전형적으로 사용되는 패턴들을 미리 익혀두자.

도입부

• ~씨/~사 귀하	Dear 이름/회사명
• 안녕하세요, (~ 씨)	Hello/Hi, (이름,)
• 제 이름은 ~입니다.	I am 이름. My name is 이름.
• 저는 ~입니다. (직업)	I am 직업명.
• 저는 A부서 B직급 ~입니다.	I am 이름, 직급명 for 부서명.
• 저희 ~에 관심을 가져주셔서 감사합니다.	Thank you for your interest in our 서비스명/제품명.
• 혼란을 초래해서 죄송합니다.	We are sorry about the confusion.

용건

정보/세부사항

• ~ 즐거웠습니다.	I enjoyed 행사명/서비스명.
• ~한 주요한 이유는 …하기 때문입니다.	The main reason ~ is because …
• 저는/우리 회사는 ~이 필요합니다.	I/My company need(s) ~.
• 저는 ~이 필요할 거예요.	I will need 장비명/물품명.
• 저는 (현재) ~ 일을 하고 있습니다.	I am (currently) working on 업무명.
• ~는 …까지 끝내야 합니다.	업무명 should be finished by 시점.
• ~는 …까지는 끝나지 않을 겁니다.	업무명 will not be done until 시점.
• ~할 시간이 없을 것 같아요.	I do not think I will have time for 업무명/행사명.
• ~ 때 시간 낼 수 있어요.	I am available 시점.
• …하는 데 적어도 (시간을) ~ 주세요.	Please give me at least 시간 to 동사
• ~하고 싶습니다.	I would like to 동사. I want to 동사.
• 우리는 ~를/~하기를 선호합니다.	We would prefer 명사/동명사.
• ~를 예약하셔야 합니다.	You should book 서비스명.
• ~하고 싶으시다면	if you want to 동사
• ~는 …에 위치해 있습니다.	장소명 is located on 층수/거리명.
• ~에서부터 찾아오기 쉽습니다.	It is easy to get to from 장소명.

제안

- 우리는 ~해야 해요(할 것 같아요).
- ~가 …하는 데 도움이 될 것 같아요.
- ~하는 것이 최상이다.
- 딱 한 가지 제안은 ~이다.

(I think) We need to ~.
We should ~.
I believe it will help 사람 (to) 동사.
It is best to 동사.
My only suggestion is to 동사.

질문

- ~에 … 있나요?
- ~에 … 있어요?
- 구매/이용 가능한 ~ 있나요?
- ~에는 몇 명 참석할까요?
- ~는 언제 시작하나요?

Does 장소명 have 시설명?
Is/Are there 시설명 in/at 장소명?
Do you have 서비스명/제품명 available?
How many people will attend 행사명?
When are you starting 행사명?

지침

- ~에게 …하라고 말해야 합니다.
- ~를 지참해야 합니다.
- ~를 내셔야 할 겁니다.

You must tell 사람 to 동사.
You should bring 지참물 with you.
You will need to provide us with 제출물.

불만사항

- 당신의 ~에서 …를 샀어요.
- 우리는 ~이 마음에 들지 않았습니다.
- 우리는 ~하기를 중단했어요.
- ~하는 것은 어렵습니다.
- 저는 당신에게 ~해달라고 이메일을 보냈습니다.

I bought/purchased 제품명 from your ~.
We did not like 제품명/서비스명.
We stopped 명사/동명사.
It is difficult to 동사.
I e-mailed and asked you to 동사.

마무리

- 친애하는 ~ 드림
- 안녕히 계세요, ~ 드림
- 잘 지내세요, ~ 드림
- 감사합니다
- 당신의 회신을 기다립니다.
- 도움이 됐으면 좋겠네요!
- 정보가 더 필요하시면 알려주세요.
- 다른 질문이 있다면 알려주세요.
- 다른 질문이 있다면 다시 연락주세요.
- 무엇에 관심 있으신지 알려주세요.

Sincerely, 이름
Cheers, 이름
Best (regards), 이름
Thanks./Thank you.
I look forward to hearing from you.
Hope this helps!
Let me know if you need more information.
Let me know if you have any other questions.
If you have any other questions, please contact us again.
Let us know what you are interested in.

PART. 02 문제 유형별 고득점 전략

6-7번 문제의 답안 작성 시 무엇보다 중요한 것은, 지시사항에서 요구하는 세 가지 과제들을 이메일 안에서 수행하는 것이다. 어떤 과제들이 어떤 방식으로 제시되는지 기출문제들을 통해 유형별로 살펴보고 그에 따른 답안 작성 요령을 익히자.

1. 정보/세부사항 (information/details)

6-7번 문제의 지시사항에서 가장 많이 요구하는 과제는 바로 information(정보)이나 details(세부사항)이다. 이 두 가지는 거의 유사하다고 볼 수 있으며, 최근 시험에서는 details를 묻는 형태로도 빈번히 출제되고 있기는 하지만 아직까지는 information으로 출제되는 비율이 현저히 높다.

- give **THREE details / pieces of information**   세 가지 세부사항/정보를 제시하라
- give **TWO pieces of information** and ~   두 가지 정보를 제시하고 ~하라
- give **ONE piece of information** and ~   한 가지 정보를 제시하고 ~하라

기출 예제

이메일	자사 제품을 구매한 고객에게 피드백과 제안사항을 요청하는 이메일
지시사항	Respond to the e-mail. In your e-mail, **give Two pieces of information and make ONE suggestion.** 이메일에 회신하세요. 당신의 이메일에서 **두 가지 정보를 제시하고 한 가지 제안을 하세요.**

지시사항 수행의 예

정보 1	I had a great experience with the customer service representative. 고객서비스 직원과의 상담이 무척 만족스러웠습니다.
정보 2	She told me exactly what I needed to do to fix my computer. 그녀는 내가 컴퓨터를 수리하기 위해 해야 할 일을 정확하게 이야기해주었습니다.
제안	My only suggestion is to try to reduce the wait time. 단 한 가지 제안사항은 대기 시간을 줄여봐 달라는 것입니다.

| 전략적용 문제 |

빈칸 아래 우리말을 참고하여 다음 이메일에 대한 회신을 완성해보세요.

From:	Vishal Shah
To:	Finance Office
Subject:	Travel reimbursement
Sent:	December 10, 2:11 P.M.

Hello,

I know that I can be reimbursed for certain business trip costs but not others. I kept records of everything I spent while on business for our company in Tokyo. Could you give me the details on the company policy for getting refunds for the money I spent?

Thank you,

Vishal

Directions : Respond to the e-mail as if you work in the finance office. In your e-mail, give THREE details.

도입부	Hi Vishal,
용건	(세부사항 1) _____ some food, travel, and hotel 　　　　　　　　　회사에서 환급해줄 것이다 costs. (세부사항 2) Your manager _____ 　　　　　　　　　　　　　　　　　　당신에게 예산을 줬다 and you _____ according to that budget. 　　　　　　환불받을 것이다 (세부사항 3) _____, you _____ 　　　　　당신이 더 많이 지출했다면　　　　　　　환급받지 못할 것이다 for the total amount you spent.
마무리	If you have any other questions, _____. 　　　　　　　　　　　　　　　　　　　우리에게 다시 연락하라 Best, Joo-Won Choi

2. 제안 (suggestion)

suggestion(제안)은 6-7번 문제의 지시사항에서 information/details 다음으로 자주 출제되는 과제이다.
이 유형에 대한 답안에서는 You/We should ~(~하는 것이 좋겠다) 패턴을 써서 제안사항을 작성할 수 있다.

- make **THREE suggestions** 세 가지 제안을 하라
- make **TWO suggestions** and ~ 두 가지 제안을 하고 ~하라
- ~ and make **ONE suggestion** ~을 하고 한 가지 제안을 하라

기출 예제

이메일	**전 직원에게 연말 파티 아이디어를 요청하는 내용**
지시사항	Respond to the e-mail. In your e-mail, **make TWO suggestions and ONE question**. 이메일에 회신하세요. 당신의 이메일에서 **두 가지 제안과 한 가지 질문을 하세요.**

지시사항 수행의 예

질문	What is the budget for this year's party? 올해 파티의 예산은 얼마인가요?
제안 1	If we have a large budget, I think we should have the party at a restaurant instead of at the office. 예산이 많다면, 사무실 대신 식당에서 파티를 해야 할 것 같습니다.
제안 2	Also, I think we should play games and give out prizes. 또한 게임을 하고 부상을 나눠주면 좋겠습니다.

- 문제의 지시사항에서 나온 과제의 순서대로 답안을 작성할 필요는 없다!
- 이메일의 흐름이 자연스럽게 순서를 잡고 모든 과제를 포함하기만 하면 된다!

빈칸 아래 우리말을 참고하여 다음 이메일에 대한 회신을 완성해보세요.

From: John Dembo, TMR Industries
To: Susan Hoffman, TMR Industries
Subject: Employee awards dinner
Sent: April 5, 6:00 P.M.

Hi Susan,

I'm coordinating the employee awards dinner this year. I know you've done this in the past. Can you tell about your experience planning previous dinners? Also, I'd appreciate any suggestions that you may have.

John Dembo

Directions : Respond to the e-mail. In your e-mail, give TWO pieces of information and make ONE suggestion.

PART 2

도입부	Hi John,
용건	**(정보 1)** _____ 항상 회의실에서 개최했다 in order to save money. **(정보 2)** _____ 괜찮은 출장 뷔페 업체가 많이 있다 in the area to choose from. **(제안)** It is best to _____ 최소 한 달 전에 시작하다 the dinner so that _____. 모든 것을 준비할 시간을 충분히 갖다
마무리	Best, Susan

3. 이유 (reason)

reason(이유)을 묻는 유형은 이유만을 단독으로 묻는 형식보다는 information 등과 함께 혼합으로 묻는 경우가 많다.

- give **THREE reasons**   세 가지 이유를 제시하라
- provide **TWO reasons** and ~   두 가지 이유를 제시하고 ~하라
- give TWO ~ and **ONE reason**   두 가지 ~와 한 가지 이유를 제시하라

기출 예제

이메일	**지난해 컨퍼런스에 참석한 동료에게 재참석하지 않는 이유를 묻는 내용**
지시사항	Respond to the e-mail <u>as if you attended the conference</u>. In your e-mail, **give THREE reasons**. 당신이 컨퍼런스에 참석했던 것처럼 이메일에 회신하세요. 당신의 이메일에서 세 가지 이유를 제시하세요.

> 지시사항에서 Respond to the e-mail as if you ~와 같은 말이 나오면 수험자가 특정 직업을 가진 사람인 것처럼, 혹은 어떤 상황에 처해 있는 것처럼 가정하고 이메일을 작성하라는 것!

지시사항 수행의 예

이유 1	I didn't think the speakers were very interesting. 연사들이 그리 흥미롭지 않았던 것 같습니다.
이유 2	The main reason I wouldn't return is because it was very expensive. 다시 가지 않으려는 가장 큰 이유는 너무 비쌌기 때문입니다.
이유 3	The company will not reimburse you for the entire expense. 회사에서 지출 비용을 전액 환급해주지 않을 것입니다.

빈칸 아래 우리말을 참고하여 다음 이메일에 대한 회신을 완성해보세요.

From: S.Ramsey@lindco.com.au
To: E.Mayer@lindco.com.au
Subject: Employee training session
Sent: June 4, 11:21 A.M.

Dear Ms. Mayer,

I received a memo telling me to attend a customer service training session next Saturday. That is outside my normal working hours. As you are my manager, could you please tell me more about this training and why I'm being asked to take it?

Thanks,

Sheila Ramsey

Directions : Respond to the e-mail as if you are Sheila Ramsey's manager. In your e-mail, give TWO pieces of information and ONE reason.

PART 2

도입부	Dear Sheila,
용건	(정보 1) The Saturday training session ＿＿＿＿＿＿＿＿＿＿ and will teach 하루 종일 계속된다 you ＿＿＿＿＿＿＿＿＿＿＿＿＿＿. (이유) We want you to 우리 신제품 4종에 대해 ＿＿＿＿＿＿＿＿＿＿＿＿＿＿ 고객서비스 문제를 해결할 수 있다 related to the new products, so ＿＿＿＿＿＿＿＿＿＿ 더 배워야 한다 about them. (정보 2) If you cannot ＿＿＿＿＿＿＿＿＿, 토요일 교육에 참석하다 you will not be able to work with the new products ＿＿＿＿＿. 교육이 이뤄질 때까지
마무리	Best, Eric

4. 질문 (question)

question(질문)은 어떤 정보를 문의하는 내용의 이메일과 함께 출제되는 경우가 많으며 이 유형도 information과 함께 혼합형으로 요구되는 형식이 많다.

- give ONE ~ and ask **TWO questions**   한 가지 ~을 제시하고 두 가지 질문을 하라
- give TWO ~ and ask **ONE question**   두 가지 ~을 제시하고 한 가지 질문을 하라

기출 예제

이메일	도서관 책 판매행사의 자원봉사자를 모집하는 내용
지시사항	Respond to the e-mail. In your e-mail, **give ONE piece of information and ask TWO questions**. 이메일에 회신하세요. 당신의 이메일에서 **한 가지 정보를 제시하고 두 가지 질문을 하세요.**

지시사항 수행의 예

질문 1	What time does the book sale start? 도서 판매는 몇 시에 시작하나요?
질문 2	When does it end? 도서 판매는 언제 끝나나요?
정보	I can help set up the book displays in the morning. I can also help clean up after the sale, if it ends early. 오전에 도서 진열대 설치를 도울 수 있습니다. 일찍 마친다면, 판매 후 정리도 도울 수 있습니다.

빈칸 아래 우리말을 참고하여 다음 이메일에 대한 회신을 완성해보세요.

From: Jason Vornas, Best Vacation Rentals
To: Pearl Seine
Subject: Vacation rental inquiry
Sent: March 4, 10:01 A.M.

Thank you for expressing interest in our vacation rental houses. If you provide details about what you're looking for, we can suggest rental houses that would fit your needs. We're happy to answer any questions.

Directions : Respond to the e-mail as if you are looking for a vacation rental house. In your e-mail, give TWO pieces of information and ask ONE question.

도입부	Hi Jason,
용건	(정보 1) _____ with 4 bedrooms. 　　　　　　　　　민박집을 찾고 있다 (정보 2) I would prefer something that is _____ 　　　　　　　　　　　　　　　　　　　해변에서 가까운 but _____. (질문) Do you have any rentals that 　　너무 비싸지 않은 _____? I would like to _____. 　반려동물이 허용되는　　　　　　　　　　개들을 데려가다
마무리	Thanks, Pearl

5. 지침/불만사항 (instruction/complaint)

출제 빈도가 그리 높진 않지만 instruction(지침)과 complaint(불만사항)도 어떤 방식으로 답안을 작성해야 할지 잘 알아두자.

- give TWO ~ and **ONE instruction**   두 가지 ~와 한 가지 지침을 제시하라
- describe **ONE complaint** and give TWO ~   한 가지 불만사항을 설명하고 두 가지 ~를 제시하라

기출 예제
이메일   **고객서비스 직원들에게 가장 자주 접하는 고객 불만사항이 무엇인지 묻는 내용**
지시사항   Respond to the e-mail <u>as if you are a customer service employee</u>. In your e-mail, **describe ONE complaint and give TWO pieces of information.** 당신이 고객서비스 직원인 것처럼 이메일에 회신하세요. 당신의 이메일에서 **한 가지 불만사항을** 설명하고 두 가지 정보를 제시하세요.

지시사항 수행의 예

불만사항	People usually complain about the shipping times. 사람들은 주로 배송시간에 대해 불만을 제기합니다.
정보 1	I explain that we use the cheapest delivery service. 우리 회사가 가장 저렴한 배송서비스를 이용하고 있다고 설명합니다.
정보 2	I tell them that they can pay extra for faster delivery. 추가 비용을 지불해 더 빠른 배송 서비스를 이용할 수 있다고 이야기합니다.

빈칸 아래 우리말을 참고하여 다음 이메일에 대한 회신을 완성해보세요.

From: Piero Caggia
To: artlessons@ikedasartstudio.com
Subject: Art lessons
Sent: August 17, 10:30 A.M.

Hello,

I saw your advertisement about art lessons on the Ikeda's Art Studio Web site. I am interested in lessons for my son. Could you tell me about your qualifications and more about the lessons you provide?

Thanks,

Piero Caggia

Directions : Respond to the e-mail as if you are the art instructor. In your e-mail, give TWO pieces of information and ONE instruction.

도입부	Hello Piero,
	Thank you ＿＿＿＿＿＿＿＿＿＿＿＿＿＿＿＿＿.
	제게 연락 주셔서

용건	(정보 1) ＿＿＿＿＿＿＿＿＿＿＿＿＿＿＿＿＿＿＿＿＿＿＿ for different age
	소묘와 회화 수업을 제공하다
	groups and different skill levels. ＿＿＿＿＿＿＿＿＿＿＿＿＿＿ for
	조각 수업을 가르친다
	young children. (정보 2) ＿＿＿＿＿＿＿＿＿＿＿＿＿＿＿＿＿＿＿＿,
	순수미술 전공 학위가 있다
	and ＿＿＿＿＿＿＿＿＿＿＿＿＿＿＿＿＿＿＿＿ teaching
	10년 이상의 경력이 있다
	children. (지침) If you're not sure ＿＿＿＿＿＿＿＿＿＿＿＿＿
	내 수업이 잘 맞는지
	for your son, ＿＿＿＿＿＿＿＿＿＿＿＿＿＿＿ to try one out for free.
	아무 때나 그를 데리고 오라
	＿＿＿＿＿＿＿＿＿＿＿＿＿＿＿＿＿＿＿ if he likes it.
	나중에 등록해도 된다

마무리	Sincerely,
	Yoo-Jin Kim

PART. 02 빈출 주제별 필수 표현

① 회사 업무·행사

~ (프로젝트) 업무를 하고 있다	work on ~ (project)
~까지 끝나다	be finished / done by ~
~할 시간이 있다	have time for ~ / be available for ~
~를 돕다	help with ~
퇴사하다	leave one's company
~을 준비하다	prepare for ~
급여를 더 많이 주다	pay more
휴가를 더 많이 주다	give more vacation time
~ 직급으로 승진하다	be promoted to ~
통근 시간이 길다.	The commute is long.
재택근무를 하다	work from home
~의 정규 업무 시간 외에	outside one's normal working hours
신규 고객을 유치하다	attract new customers
예산이 많다	have a large budget
예산에 맞게	according to the budget
출장 비용	business trip cost
~ 비용을 환급해주다	refund ~ cost
~에 대해 환급받다	be reimbursed for ~
~의 비용을 전액 대다	cover all (of) ~
(금액이) ~의 허용치보다 높은	higher than one's allowance
비용을 절약하다	save money
상을 주다	give out prizes
(행사 등이) 열리다	be held
~에 참석하도록 초청받다	be invited to attend ~
~에게 발표를 하다	give a presentation to ~
종일 계속된다	last all day
~ 문제를 다루다, 언급하다	address ~ issue

주어진 과제 내용을 참고하여 다음 이메일에 대한 회신을 완성해보세요.

From:　　　JRichards@timutelectronics.com
To:　　　　GPeters@timutelectronics.com
Subject:　Exit interview
Sent:　　　June 12, 7:59 A.M.

Dear Ms. Peters,

Since you'll soon be leaving our company for another job, I'd like to meet with you for a brief discussion. To prepare for that meeting, could you send me an e-mail about your experience working here and how the company can improve?

Thanks,

Jessica Richards
Human Resources Manager

Directions : Respond to the e-mail. In your e-mail, give ONE piece of information and make TWO suggestions.

- **정보**　통근 시간이 무척 길었다.
- **제안 1**　재택근무를 더 자주 허용해준다.
- **제안 2**　모든 직원에게 노트북 컴퓨터를 제공해준다.

도입부	_____, Ms. Richards,
용건	(정보) I enjoyed working here, but _____.
	(제안 1) I think the company can improve _____ _____
	(제안 2) and _____.
마무리	_____.

② 고객서비스

고객서비스 부서	customer service department
온라인 지원 서비스	online support service
~로부터 의견을 듣다	hear from ~
고객 불만	customer complaint
~에 대해 불만을 제기하다	complain about ~
~에게 훌륭한 서비스를 받다	have a great experience with ~
~에게 뭘 해야 하는지 정확히 알려주다	tell ~ exactly what ~ need to do
잠시 시간을 내어 ~하다	take a moment to ~
수리 기사	repair technician
~ 문제가 있다	have a ~ issue
조치를 취하다, 단계를 밟다	take a step
~인지 확인하다	make sure (that) ~
대기시간을 줄이다	reduce the wait time
웹사이트에서 ~를 구매하다	purchase ~ from one's Web site
온라인 설명에 ~라고 되어 있다	the online description says that ~
~과 호환되다	be compatible with ~
잘못된 사이즈	wrong size
배송시간	shipping time
배송서비스	delivery service
배송비용	cost of shipping
~을 반품하다	return / send ~ back
~에 대해 추가 비용을 내다	pay extra for ~
집에 있다	be home
~하기로 일정이 잡혀 있다	be scheduled to ~
예약 일자를 변경하다	change the appointment date
예약 일정을 다시 잡다	reschedule one's appointment
문제를 야기하다	present a problem
비용을 절감하다	save money
할인행사를 하다	be on sale
쿠폰을 제공하다	offer a coupon
주간 특선메뉴	weekly specials

주어진 과제 내용을 참고하여 다음 이메일에 대한 회신을 완성해보세요.

From: Robert Bremen
To: Glenn Cameras Customer Service
Subject: Product return
Sent: February 9, 10:51 A.M.

I recently purchased a battery for my camera from your Web site. The online description said that the battery would be compatible with my camera, but it's the wrong size. What do I need to do to return this battery and get the right one for my camera?

Thanks,

Robert Bremen

Directions : Respond to the e-mail as if you are a customer service representative. In your e-mail, give TWO pieces of information and ask ONE question.

- 정보 1   물품 포장 안에 반품 라벨이 있을 것이다.
- 정보 2   배터리를 아무 상자에 넣어 다시 보내 달라. 라벨만 붙이면 된다.
- 질문   주문 번호를 보내줄 수 있는가?

도입부	_____, Robert.
용건	_____ the confusion. (정보 1) _____ _____ in the package you received. (정보 2) You can use any box to _____. Just _____. (질문) Can you _____? Once I receive it, I will _____.
마무리	_____, Glenn Cameras

③ 제품·서비스

~을 찾다, 구하다	look for ~
~에 관심이 있다	be interested in ~
방이 ~개 있는 단독주택	house with ~ bedroom(s)
~를 선호한다	I would prefer ~
애완동물을 허용하다	allow pets
여러 연령대를 대상으로	for different age groups
어린 아이들을 대상으로	for young children
~에 학위가 있다	my degree is in ~
…하는 데 ~년 이상의 경력이 있다	have over ~ years of experience -ing
~ 중에서 고르다	choose from ~
노련한 가이드들이 인솔하다	be led by experienced guides
~에 초점을 맞추다, 중점을 두다	focus on ~
자기 물건이라고 주장하다	claim one's 물건
~층에 위치해 있다	be located on the ~ floor
~층까지 엘리베이터를 타다	take the elevator to the ~ floor
~ 표지판을 따라가다	follow signs for ~
~은 …에서 가기 쉽다	~ be easy to get to from …
내선 ~번으로 전화하다	call extension ~
신분증을 지참하다	bring some identification with ~
~에게 …을 상세히 설명하다	provide ~ with a description of …
판매 후 뒷정리하다	clean up after the sale
~에게 …을 제공하다	provide ~ with …
(행사 등이) 다가오다	come up
거리낌 없이 질문하다	feel free to ask
온라인 구매	online purchase
~에 대한 보상을 받다	earn reward for ~
~에 대한 적립금을 받다	get points for ~
증정품을 받다	get free stuff
~에 관련되다	relate to ~
~하려고 하다, ~하기를 기대하다	look to ~
사무실을 이전하다	relocate one's office
필요사항을 충족시키다	meet one's needs

주어진 과제 내용을 참고하여 다음 이메일에 대한 회신을 완성해보세요.

PART 2

From:	M. Lee
To:	Explore The City Tour Company
Subject:	Sightseeing tours
Sent:	June 14, 9:46 A.M.

I will be staying in your city for five days in July. I'd like to see some interesting places during that time. Could you please give me some information about the sightseeing tours that your company offers?

Directions : Respond to the e-mail as if you work for a tour company. In your e-mail, give TWO pieces of information and ask ONE question.

- **질문** 버스 관광에 관심이 있는가, 도보 관광에 관심이 있는가?
- **정보 1** 두 가지 형태의 관광을 모두 제공하며 숙련된 가이드들이 진행한다.
- **정보 2** 도시 사적지에 초점을 맞춘 관광, 문화 유적지를 방문하는 관광, 가장 인기 있는 행선지들을 소개하는 관광이 있다.

도입부	_____,
용건	(질문) _____ a bus tour or a walking tour?
	(정보 1) We offer _____, and all of our tours are
	_____. (정보 2) We have tours that
	_____, tours that
	_____, and tours that
	_____. Let us know
	_____.
마무리	Sincerely,
	Explore The City Tour Company

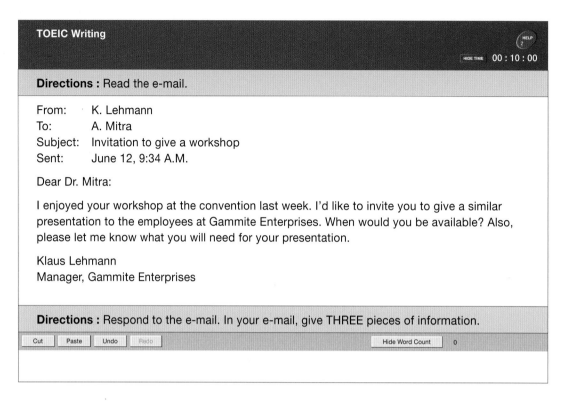

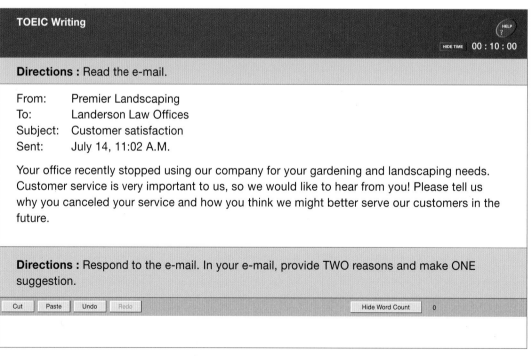

PART. 03

의견 기술하기

QUESTION 8

**WRITE
AN OPINION ESSAY**

PART. 03 문제 유형과 채점 기준

● 문제 유형

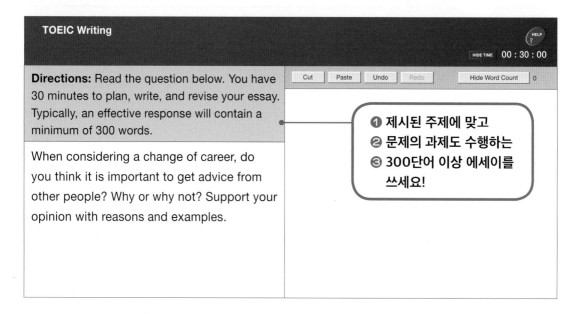

문제 번호	8	**답안 준비 시간**	없음	**평가 기준**	의견을 적합한 이유와 실례를 들어 제시했는가의 여부 / 문법 / 어휘 / 전체 구성
문제 유형	의견 기술하기	**답안 작성 시간**	30분	**채점용 점수**	0-5

● 채점 기준

점수	5점 만점
평가 요소	의견을 적합한 이유와 실례를 들어 제시했는가의 여부 문법 / 어휘 / 전체 구성

평가 지침		
	5점	**다음과 같은 특징 모두를 대부분 완수한다.** • 효과적으로 주제에 답했고 과제도 해냈다. • 적절한 설명과 예시, 또는 상세한 진술을 이용함으로써 구성과 내용 전개가 좋다. • 통일성, 연속성, 그리고 일관성이 있다. • 사소한 문법적 오류, 또는 잘못된 어휘가 몇 개 있지만, 다양한 구문과 올바른 어휘 및 숙어 표현을 사용하는 등 고른 언어 구사력을 보여준다.
	4점	**다음과 같은 특징 모두를 대부분 완수한다.** • 몇몇 부분이 충분히 상세하지 않을 수 있지만 주제에 잘 답하고 과제도 잘 해냈다. • 적절하고 효과적인 설명과 예시, 또는 상세한 진술을 이용함으로써 구성과 내용 전개가 대체로 좋다. • 때때로 군더더기 표현이나 주제에서 벗어난 내용, 또는 명확하지 않은 연결어가 들어 있을 수 있지만 통일성, 연속성, 그리고 일관성이 있다. • 문장 구조, 단어 형태, 숙어 표현 등에서 의미 해석에 영향을 주지 않는 정도의 사소한 오류들이 간혹 있을 수 있지만 다양한 구문과 폭넓은 어휘를 구사하는 등 영어 사용이 능숙함을 보여준다.
	3점	**다음과 같은 특징 중 하나 또는 그 이상을 포함한다.** • 내용 전개가 어느 정도 잘 된 설명, 예시, 그리고 상세한 진술을 통해 주제에 답하고 과제를 해낸다. • 생각들 간의 연결이 간간히 모호한 경우가 있지만 통일성, 연속성 그리고 일관성을 보여준다. • 문장 구성과 어휘 선택 능력이 고르지 않아서 문장의 의미가 명확하지 않은 경우가 간간히 있다. • 사용 범위가 한정적이지만 올바른 어휘와 구문을 사용한다.
	2점	**다음과 같은 결점 중 하나 또는 그 이상을 포함한다.** • 주제에 답하고 과제를 해내는 데 있어 내용 전개가 부족하다. • 구성 또는 생각들 간의 연결이 부적절하다. • 부적절하고 불충분한 예시와 설명, 또는 상세하지 못한 진술로 의견을 뒷받침하거나 설명한다. • 어휘 선택 또는 어휘의 형태가 현저하게 부적절하다. • 문장 구조와 어법에 오류가 매우 많다.
	1점	**다음과 같은 결점 중 하나 이상으로 인해 응답이 심각하게 훼손된다.** • 구성 또는 내용 전개가 매우 부실하다. • 상세한 설명이 전혀 또는 거의 이루어지지 않았거나 세부 사항의 연관성이 떨어지며 과제에 대한 응답인지 확실치 않다. • 심각하고 빈번하게 문장 구조 및 어법상의 오류가 발견된다.
	0점	**문제에 나온 단어들을 그대로 옮긴 것에 불과하다.** • 주제에서 벗어났거나 주제와의 연결성이 없다. • 영어가 아닌 다른 언어로 작성한다. • 아무런 의미가 없는 문자들의 조합이다. • 답변을 작성하지 않는다.

PART 3

PART. 03 기출 예제와 답안 작성의 전략

● ETS 기출 예제

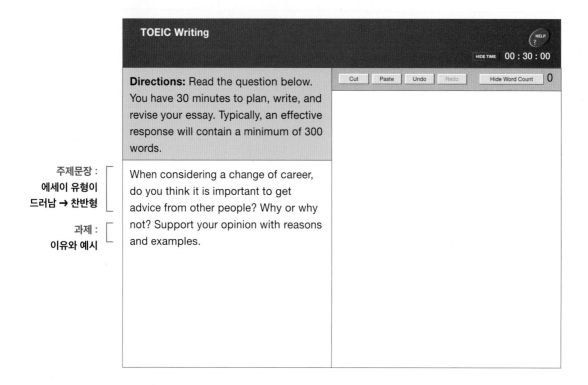

TOEIC Writing

HELP ?

HIDE TIME 00 : 30 : 00

| Cut | Paste | Undo | Redo | | Hide Word Count | 0 |

Directions: Read the question below. You have 30 minutes to plan, write, and revise your essay. Typically, an effective response will contain a minimum of 300 words.

주제문장 :
에세이 유형이
드러남 → 찬반형

When considering a change of career, do you think it is important to get advice from other people? Why or why not? Support your opinion with reasons and examples.

과제 :
이유와 예시

ETS 모범 답안

서론 (주장)	I think it is important to get advice from other people when considering a change of career. Other people will give you a new perspective on the situation. They might also have helpful advice, and ... (중략)
본론 1 (이유 1 / 예시 1)	It never hurts to get a second opinion, especially when the decision is as important as a career change. (중략) / For example, if you are really interested in a career change, you may not think about how the change will affect your plans for retirement. You may have to work an extra 10 years because the new job pays less or it takes you longer to get promotions. (중략)
본론 2 (이유 2 / 예시 2)	Another reason it is good to get advice from others is that they might bring up helpful suggestions. / For example, someone might suggest ways that you can use your current skills and experience to make the transition to a new career. They might help you negotiate for a higher salary, a flexible schedule, or more vacation time. (중략)
결론 (재주장)	For all of the reasons explained above, it is important to get advice from other people. While you must make the final decision, other people's opinions and advice will help you make the best choice possible.

☑ 300단어 이상의 에세이로 답안을 작성했다. (실제 답안 435단어)

☑ '서론-본론-결론'으로 에세이의 기본 구성에 맞춰 짜임새 있게 작성했다.

☑ 본론에 명확한 이유와 예를 들어 자신의 주장(직업을 바꿀 때 다른 사람의 조언을 구하는 것이 중요하다)을 뒷받침하는 설명을 적절하게 작성했다.

● 답안 작성의 전략

1 최고 점수(5점)를 목표로 한다면 최소 300단어 이상이어야 한다!

8번 문제의 답안 작성의 길이는 따로 정해져 있지 않다. 하지만 지시사항에서 "최소 300단어를 포함해야 효과적인 답변이다(Typically, an effective response will contain a minimum of 300 words.)"라고 한 것은 5점의 배점 기준인 적절한 설명과 예시, 상세한 진술을 위해서는 어느 정도 충분한 길이의 답안을 작성해야 최고 점수를 받을 수 있음을 의미한다.

2 4점 이상의 고득점에는 '주제와의 연결성', '이유와 예'가 기본이다!

8번 문제에서는 제시된 주제와 관련해 논리적으로 사고하고, 자신의 논점을 예나 이유를 들어 설득력 있게 글을 전개하는 능력을 측정하는 것이 본 목적이다. 따라서 문제를 통해 어떤 주제를 어떤 방식으로 다루라는 것인지부터 숙지하고 주장을 뒷받침하는 이유와 예를 반드시 포함해야 한다.

3 에세이의 기본 구성에 맞춰 체계적으로 답안을 작성해야 한다!

감점의 요인인 주제에서 벗어난 내용이나 중복적인 군더더기 내용을 피하면서 글의 통일성, 연속성, 일관성을 유지하려면 에세이의 기본 구성에 맞춰 글을 쓰는 것이 좋다.

4 문법보다는 '논리'와 '일관성'이 중요하다!

사소한 문법 오류나 부적절한 어휘 사용이 글의 의미를 해칠 정도로 지나치지 않다면 감점의 요인이 되지 않는다. 따라서 답안 작성을 완료하고 난 후에도 자신의 논점이 분명한지, 의견을 뒷받침하는 이유나 예가 적절한지부터 점검하는 것이 좋다.

5 답안 작성 시간(30분) 분배에 유의해야 한다!

답안 작성 시간은 30분으로 충분한 편이므로, 문제를 읽은 후 무턱대고 답안 작성을 시작하였다가 중간에 내용을 거듭 고치기보다는 제시된 주제에 대해 나는 어떤 의견을 주장할지, 그리고 내 주장을 뒷받침할 이유나 예로 무엇을 들 것인지를 먼저 정리한 후 글을 써나가는 것이 효율적이다.

PART. 03 에세이 쓰기의 기본 패턴

TOEIC Writing에서는 논점에서 벗어나 횡설수설하는 긴 에세이보다는 주제와 잘 연결되어 있으면서 자신의 주장을 뒷받침하는 근거가 뚜렷한 에세이에 더 높은 점수를 준다. 수험자의 영어 쓰기 능력을 단기간에 높이는 것은 불가능하지만, 에세이의 기본 구성에 맞춰 체계적인 글을 쓰는 전략을 활용한다면 충분히 고득점을 얻을 수 있다.

서론

찬반

~라고 생각한다	I think / believe (that) ~
~라는 데 동의한다	I agree (that) ~
~라고 생각하지 않는다	I do not think (that) ~

선호/선택

가장 중요한 …은 ~라고 생각한다	I think the most important 명사 is ~ 명사 I value most is ~
A가 ~하지만, 나는 B가 가장 ~하다고 생각한다	A ~, but I think that B ~ the most
두 가지 (명사) 다 ~하지만, 나는 …하다고 생각한다	While both 명사 are ~, I think …

장단점 비교

A에는 많은 장점과 단점이 있다	A has many advantages and disadvantages There are many advantages and disadvantages to A
최대 장점(들)은 / 단점(들)은 ~이다	The biggest advantage(s) / disadvantage(s) is / are ~

본론

근거/이유

…이기 때문에 ~라고 생각한다	I think / believe ~ because …
~하는 주요한 이유는 …이다	The main reason why I ~ is that …
~라고 생각하는 주요한 이유는 …이다	The main reason I believe that ~ is that …
~한 또 다른 이유는 …이다	Another reason (why) ~ is that …
~한 다른 이유들이 있다	There are other reasons why ~
이것은 ~를 야기할 수 있다	This can cause ~

열거

- 첫째, ~이다   First, ~
- 마지막으로, ~이다   Finally, ~

예시/일화

- 예를 들면, ~이다   For example, ~
- 내가 ~였을 때, …했다   When I was ~, ...
- 한번은 ~했다   One time, ~
- 이 일이 ~에게 일어났다   This happened to 사람
- ~가 발생할 땐, 주로 … 한다   When 사건 happen(s), you usually ...
- 이것은 특히 ~할 때 그랬다   This was especially true when ~
- 이것은 특히 ~라면 그렇다   This is especially true if ~
- 그것은 (또한) ~임을 의미한다   It (also) means that ~
- 이것으로 인해 ~한 감정을 느꼈다   This made me feel ~
- ~한 것으로 판명되었다   It turned out that ~

장단점 비교

- (A에 대한) 또 다른 장점은 ~이다   Another advantage (to A) is that ~
- ~에는 또한 단점도 있다   There is also a disadvantage to ~
- 어느 때는 ~이고, 다른 때는 …이다   Sometimes ~, other times, ...
- 이것이 내가 ~하는 데 도움이 된다   This helps me 동사
- 내 경우에는 A가 B하는 데 도움이 된다 왜냐하면 ~이기 때문이다   For me, A helps me B, because ~
- A가 내가 B하는 데 도움이 되는 다른 방식은 ~이다   Another way that A helps me B is that ~
- 이것이 ~하게 해줄 것이다   This will allow you to ~
- 처음에는 ~라고 생각했는데, …였다   At first, I thought ~, but ...
- ~하기 때문에 이것이 어려울 수 있다   This can be difficult because ~
- A가 항상 B하는 최상의 방법은 아니다   A isn't always the best way to B

결론

- 결론적으로, ~이다   In conclusion, ~
- 총체적으로 볼 때, ~라고 생각한다   Overall, I believe ~
- 알다시피 ~이다   As you can see, ~
- 그러한/이러한 이유들로,~라고 생각한다   For those/these reasons, I believe that ~
- 위에 설명한 모든 이유들로, ~이다   For all of the reasons explained above, ~
- 다른 두 가지도 분명 중요하지만, A가 B 면에서 더 중요하다   The other two are definitely important, but A is more important in B
- 어떤 사람들은 ~라고 생각할 수 있지만, 나는 …이라고 생각한다   Some people may believe that ~, but I think that ...

PART. 03 에세이 유형별 고득점 전략

8번 문제는 문제 형태에 따라 크게 찬반형, 선호/선택형, 장단점 비교형의 3가지 에세이 유형으로 나뉜다. 문제를 보고 써야 할 에세이의 유형이 무엇인지 판단하고 내 의견을 주장하는 문장과 이유, 예시의 문장 그리고 마지막으로 재주장하는 문장을 어떻게 쓰는지 살펴보자.

1. 찬반형

찬반형 에세이는 문제에 제시된 하나의 주장에 대해 수험자가 찬성 혹은 반대하는지를 밝히고 그 근거를 제시하는 유형으로, 8번 문제에서 압도적으로 출제 빈도가 높으므로 이 유형의 에세이를 자주 써보는 것이 좋다.

- Do you agree or disagree with the following statement?
  다음 주장에 찬성하는가 혹은 반대하는가?

- (When considering ~,) do you think …? Why or why not?
  (~을 고려할 때,) …이라고 생각하는가? 왜 그런가 혹은 왜 그렇지 않은가?

- In your opinion, is this ~? Why or why not?
  당신의 의견으로는, 이것은 ~인가? 왜 그런가 혹은 왜 그렇지 않은가?

기출 예제

Do you agree or disagree with the following statement?
다음 주장에 찬성하는가 혹은 반대하는가?

Children are influenced more by teachers than by parents.
아이들은 부모보다 교사에게 더 많은 영향을 받는다.

약식 답안

서론 (주장)	I disagree that children are influenced more by teachers than by parents. 아이들이 부모보다 교사에게 더 많은 영향을 받는다는 말에 동의하지 않는다.
본론 1 (이유 1)	Since children are around their parents so much, they pick up their parents' behaviors and attitudes. 아이들은 부모와 더 많은 시간을 보내므로, 부모의 행동과 태도를 익힌다.
(예시 1)	For example, my parents were very hard workers, so I am a very hard worker. 예를 들어, 나의 부모님께서 굉장히 근면하게 일하셨기에 나도 매우 열심히 일을 한다.
본론 2 (이유 2)	Parents also support their children financially and emotionally. 부모는 아이들을 재정적, 정서적으로도 지원한다.
(예시 2)	For example, my parents were happy to give me money to buy sports equipment. In addition, they supported me emotionally by coming to all my games. 예를 들어, 나의 부모님은 운동 장비를 구입할 돈을 기꺼이 주셨다. 아울러 내가 나가는 모든 경기를 보러 오심으로써 정서적으로 지지해 주셨다.
결론 (재주장)	Children spend more time with their parents, so they are influenced more by their parents than their teachers. 아이들은 부모와 더 많은 시간을 보낸다. 그래서 아이들은 교사보다는 부모에게 더 많은 영향을 받는다.

모범 답안 & 번역 p.134

빈칸 아래 우리말을 참고하여 다음 문제에 대한 에세이를 완성해보세요.

Do you agree or disagree with the following statement?

To be a good leader, a person must be able to make quick decisions.

Give reasons or examples to support your opinion.

서론 (주장)	_____ good leaders need to be able to make quick decisions. In business, 나는 동의한다 you do not always have time to _____. This is 조언을 구하거나 조사를 많이 할 important when _____ and when clients _____. 문제가 있다 급한 요청을 하다
본론 1 (이유 1) / 예시 1)	When problems happen, you usually have to _____. _____, 빠른 결정을 내리다 예를 들어 if a customer is unhappy, you need to think quickly to _____. / 상황을 해결하다 When I was a manager at a restaurant, we had a lot of customers who _____. Even though the food was 음식이나 서비스에 대해 언짢아했다 good and the servers were all very nice, some people _____ their 그냥 만족하지 못했다 experiences. I had to think quickly _____. Sometimes I gave them 그들을 기쁘게 하기 위해 free drinks or appetizers. Other times, I gave people _____. 다음 방문 시 쓸 쿠폰 I did not have a lot of time to _____. Other managers were not as 문제를 처리하다 _____ and those customers ended up _____. 빠른 결정을 잘 내리는 나쁜 평을 남기다
본론 2 (이유 2) / 예시 2)	_____ good leaders have to be able to make quick decisions is 또 다른 이유 that clients often make requests that _____. / If the 즉시 처리되어야 한다 leader does not know _____ and _____, 수락할 때 거절할 때 the team members may not be able to _____. The leader 제때 임무를 완수하다 may agree to something that cannot be done at all or at least cannot be done _____. This can cause a lot of problems. 고객이 그 일이 행해지길 원할 때 Conversely, if a leader does not make a decision and respond quickly enough, _____. 회사는 기회를 놓칠지도 모른다
결론 (재주장)	_____ good leaders need to know 이러한 이유들로, 나는 생각한다 _____. If your leader does not know how to do this, 빠르게 결정하는 법 the team members and the company will _____. 많은 문제를 겪다

2. 선호/선택형

선호/선택형 에세이는 문제에 제시된 두 가지 이상의 선택사항 중 수험자가 선호하는 것, 혹은 선택하고 싶은 것을 밝히고 선호/선택의 이유를 제시하는 유형으로, 찬반형 다음으로 출제 빈도가 높다.

- Do you think it is better A or B?
  A가 더 좋다고 생각하는가, 아니면 B가 더 좋은가?
- In your opinion, which is more ~, A or B?
  당신의 의견으로는 어느 것이 더 ~한가? A인가 B인가?
- Which (one) of the following ~ most?
  다음 중 어느 것이 가장 ~한가?
  - A
  - B
  - C

기출 예제

Which ONE of the following contributes **most** to living a happy life? Why?
다음 중 어느 것이 행복한 삶을 사는 데 **가장** 기여하는가? 왜 그런가?

- Having a hobby   취미를 갖는 것
- Doing volunteer work   자원봉사를 하는 것
- Living near family members   가족 구성원과 가까이 사는 것

약식 답안

서론 (주장)	I think that living near family members contributes the most. 가족들과 가까이 사는 것이 가장 기여도가 크다고 생각한다.
본론 1 (이유 1)	I believe living near your family contributes the most to a happy life because you will always have people to spend time with. 가족과 가까이 사는 것이 언제나 함께 시간을 보낼 사람들이 있기 때문에 행복한 삶에 가장 기여한다고 생각한다.
(예시 1)	After I graduated, I got a job in the city where my university is located. Though I had a lot of friends, I still had times when I did not have anyone to hang out with. 졸업 후 내가 다닌 대학교가 있는 도시에 일자리를 구했다. 친구들은 많았지만 함께 어울릴 사람이 아무도 없을 때가 여전히 있었다.
본론 2 (이유 2)	The main reason I believe that living near family contributes the most to a happy life is that your family is available to help you when you have a problem. 가족 가까이 사는 것이 행복한 삶에 가장 크게 기여한다고 믿는 주요한 이유는 문제가 있을 때 가족이 도와줄 수 있기 때문이다.
(예시 2)	My parents live very close and can help me whenever I need them. This makes my life less stressful and much happier. 나의 부모님은 매우 가까운 곳에 사셔서 내가 필요로 할 때마다 도움을 주실 수 있다. 이것이 내 삶의 스트레스를 줄여주고 더 행복하게 해 준다.
결론 (재주장)	As you can see, living near family contributes a lot to a happy life. 보다시피 가족 근처에 사는 것은 행복한 삶에 크게 기여한다.

빈칸 아래 우리말을 참고하여 다음 문제에 대한 에세이를 완성해보세요.

Do you think it is better for an individual to have a role model who is a celebrity, or a role model who the individual knows personally? Why? Give reasons and examples to support your opinion.

서론 (주장)	I think it's better for people to have role models _____ 개인적으로 아는 because they can interact with them. By interacting with your role model, you will learn a lot about them and know _____. 그들이 롤모델이 될 만한 자격이 있는지 여부를 You will also be able to imitate their behavior, because you will know _____ 그들이 실생활에서 _____. People also need to interact with their role models so that 어떻게 행동하는지 they can learn from them.
본론 1 (이유 1 / 예시 1)	A role model should be someone that you know a lot about. A celebrity may seem nice on camera but _____. You'll never know, 실제로는 좋은 사람이 아닐 수도 있다 unless you actually get to _____. / I may _____ 그들과 정기적으로 교류하다 _____ like a musician because I want to become a musician in the 유명인사를 존경하다 future. But I will probably never meet, let alone get to know, a famous musician. It's difficult to _____ if I don't see it. More importantly, 유명한 음악가의 행동을 따라 하다 it's difficult to know _____ that person's 내가 모방해야 하는지 여부도 behavior, since I don't know how that person actually behaves.
본론 2 (이유 2 / 예시 2)	Another reason that you should know your role model is that _____ 더 많이 배울 것이다 from someone you know personally, because you can interact with them. / I may look up to a famous baseball player because he's a really good baseball player, but I think _____ my own baseball coach. My baseball 존경하는 것이 더 유익할 것이다 coach is going to teach me more than just being successful. I'll learn other lessons like _____, how to treat my teammates, and _____. 열심히 노력하는 법 실패에 대처하는 법
결론 (재주장)	There are many reasons why it is better to know your role model. You will probably never _____ if they are good people in real life. 유명인들에 대해 충분히 잘 알다 Also, you will probably never know enough about celebrities to _____ 그들의 행동을 _____. Finally, you will learn more from a role model that you 따라 할 수 있다 know personally _____. 그들과 더 많은 시간을 함께 보내기 때문에

3. 장단점 비교형

장단점 비교형 에세이는 어떤 사안의 장점과 단점을 비교하여 설명하는 유형으로, 문제의 형태는 다음과 같은 경우가 많다.

- What do you think are the advantages and disadvantages of ~?
  ~의 장점과 단점이 무엇이라고 생각하는가?

기출 예제

Some people work for the same company for their entire career.
What do you think are the advantages and disadvantages of staying at one company?

어떤 사람들은 직장생활 내내 같은 회사에서 근무한다.
한 회사에 머무는 것의 장점과 단점이 무엇이라고 생각하는가?

약식 답안

서론 (주장)	The biggest advantages are the ability to live in one place and to become close friends with the people you work with. The biggest disadvantage is lack of change, which can cause boredom. 가장 큰 장점은 한 곳에서 거주할 수 있고, 함께 일하는 사람들과 친한 친구가 될 수 있다는 것이다. 가장 큰 단점은 변화가 없다는 것인데 이로 인해 지루해질 수 있다.
본론 1 (이유 1)	If you choose to stay at the same company for your entire career, you probably will not have to move. 직장생활 내내 같은 회사에 머물기로 선택한다면, 아마 이사를 할 필요가 없을 것이다.
(예시 1)	You can buy a house and live in it for most of your life. Since you won't move, you can renovate your house and design it to look however you want. 집을 한 채 사서 생의 대부분을 거기서 살 수 있다. 이사할 필요가 없으니 마음껏 집을 개조하고 원하는 모습으로 디자인할 수 있다.
본론 2 (이유 2)	Another advantage is that you can become good friends with the people you work with. 또 다른 장점은 함께 일하는 사람들과 좋은 친구가 될 수 있다는 점이다.
(예시 2)	I have many friends at work, so I enjoy working at this company more than I enjoyed my first job. I was not friends with my coworkers at my first job, because most people worked there for a short time and then either quit or got promoted. 나는 직장에 많은 친구들이 있어서 첫 직장보다 이 회사에서 더 즐겁게 일한다. 첫 직장에서는 대부분의 사람들이 단기로 근무하고 그만두거나 승진을 해서 첫 직장 동료들과는 친구가 되지 못했다.
본론 3 (이유 3)	There is also a disadvantage to working for the same company for your entire career. If you get bored easily and you have to stay in the same place with the same people, you may start to hate your job. 평생 한 회사에서 일하는 데는 단점도 있다. 쉽게 지루함을 느끼는데 똑같은 사람들과 같은 장소에 머물러야 한다면 직장을 싫어하기 시작할지도 모른다.
(예시 3)	This is especially true if you work at a small company that doesn't have offices in other places and doesn't have many employees. 다른 지역에 사무실이 없고 직원이 많지 않은 소규모 회사에서 일할 경우 더욱 그렇다.
결론 (재주장)	I believe the advantages outweigh the disadvantages, but people who like change would probably not want to stay at the same place for their whole career. 장점이 단점보다 더 크다고 생각하지만 변화를 좋아하는 사람들은 평생 한 곳에 머무르고 싶지 않을 것이다.

모범 답안 & 번역 p.136

빈칸 아래 우리말을 참고하여 다음 문제에 대한 에세이를 완성해보세요.

Some university programs require students to complete an internship before graduating. What are the advantages and disadvantages of having this requirement? Give reasons and examples to support your opinion.

서론 (주장)	Requiring students to _____ has several 졸업 전에 인턴십을 마치다 advantages and disadvantages. Since it's a requirement, the university _____, which can be challenging to do by yourself. 학생들이 인턴직 얻는 것을 돕다 Also, this requirement will give students job experience while _____ 그들이 어떤 직업을 원하는지 _____. However, internships take time away from classes and may 아직 결정하고 있다 make it _____ at all. 학생들이 수업을 듣는 게 불가능하게
본론 1 (이유 1 / 예시 1)	First, _____ is a good idea because 학생들에게 인턴십을 완료하도록 요구하는 것 it means that the university probably helps students find internships. / My friend went to a university that had this requirement, and he _____ easily. 인턴십을 구했다 Other friends went to schools that didn't have an office set up to help them find internships, and they were not able to _____. 스스로 인턴십을 찾다
본론 2 (이유 2 / 예시 2)	Another reason it is good to require students to complete an internship is that it _____ . / A friend of mine _____ 학생들에게 직무 경험을 준다 마케팅회사의 인턴십에 참여했다 and realized that she did not really enjoy working in that field. Instead, she said she _____, since she likes working with the sales teams better. 차라리 영업을 하겠다 After this experience, she went to graduate school and _____ 마케팅 대신 영업에 집중했다 _____ .
본론 3 (이유 3 / 예시 3)	There are also disadvantages to requiring internships. / Many internships _____ 인턴들을 9-5시 _____, Monday–Friday. This means that students can _____, 근무를 하게 한다 야간 수업만 듣다 but they may be _____. Other internships may not take 너무 피곤해서 그것마저 할 수 없다 up as much time, but they still _____ from their classes and their study time. 학생들이 멀어지게 한다

결론
(재주장)
	For the above reasons, I believe _____
	                                                                  장점도 있고 단점도 있다
	to requiring internships for university students. Perhaps universities can be very
	
	_____ that they include in their internship programs.
	기업과 학교를 매우 선별하다
	Universities could also _____ that students spend interning.
	                                        시간의 양을 제한하다

PART. 03 빈출 주제별 필수 표현

① 회사 업무·복지·직업 윤리

~로부터 조언을 구하다	get advice from ~
~에 관한 새로운 시각·견해를 주다	give/offer a new perspective on ~
다른 의견을 구하다	get a second opinion
~에 직접적으로 관련이 있다	be directly involved in ~
중요한 점을 놓치다[간과하다]	overlook an important point
급여를 후하게/더 적게/더 많이 주다	pay well/less/more
승진하다	get a promotion/get promoted
금전적인 보상	financial reward
(안건 등) ~을 가져오다	bring up ~
~로 옮기다, 이동하다	make the transition to ~
은퇴 계획	one's plan for retirement
~을 놓고 협상하다	negotiate for ~
~에게 주목 받는, 눈길을 끄는	attractive to ~
빠른/옳은 결정을 내리다	make a quick/right decision
최종 결정을 하다	make the final decision
최선의 선택을 하다	make the best choice
칭찬 받다	get praise/compliment
건설적인 비판을 하다	give constructive criticism
~을 위해 일하다, ~을 목표로 일하다	work towards ~
맞추기 힘든 마감 일정이 있다	have a tough deadline
당면한 문제	immediate problem
문제를 야기시키다	cause a problem
문제를 해결하다	work through/resolve a problem
갈등을 해소하다	resolve conflict
상황을 바로잡다	fix the situation
~ 문제를 언급하다, 다루다	address the ~ issue
악평/호평을 남기다	leave a bad/good review

모범 답안 & 번역 p.138

주어진 주장/이유/예시 내용을 참고하여 다음 문제에 대한 에세이를 완성해보세요.

Do you agree or disagree with the following statement?
The best way to motivate employees is to tell them how good their work is.
Give reasons or examples to support your opinion.

- **주장** 칭찬이 동기를 부여하는 최선의 방법이라는 데 동의하지 않는다. 칭찬보다 재정적인 보상을 주는 것이 낫다.
- **이유 1** 금전적인 보상이 칭찬보다 오래 지속된다.
- **예시 1** 칭찬은 하루 정도 기분이 좋지만 상품권이나 보너스 같은 보상은 며칠 이상 지속된다.
- **이유 2** 금전적인 보상은 무엇을 목표로 일할 것인지를 제시해준다.
- **예시 2** 최다 판매에 대한 10% 보너스는 구체적인 목표가 된다.
- **이유 3** 금전적인 보상은 직원들의 삶을 더 안락하게 해준다.
- **예시 3** 보너스는 공과금을 내거나 식료품을 사는 데 쓸 수 있다.

서론 (주장)	_____ the best way to motivate employees is to tell them how good their work is. While it is nice to receive praise, it is better _____. Financial rewards _____ compliments. Also, financial rewards give employees something _____. Finally, financial rewards help _____ a little bit easier. Compliments do not really do that.
본론 1 (이유 1 / 예시 1)	First, financial rewards _____ praise. / I like hearing that I've done a good job, and it may _____. However, the compliment is not likely to _____ the next day. On the other hand, a financial reward like a gift card or a bonus can be used _____.
본론 2 (이유 2 / 예시 2)	Second, financial rewards give people _____. / A compliment is _____, and so it is not really something I would work towards. However, a 10% bonus for selling the most product is something specific that _____. I know how I'm being measured and I know _____ _____ I am going to get.
본론 3 (이유 3 / 예시 3)	Lastly, financial rewards _____, while compliments don't usually do that. While a positive work environment does make your workday easier, it _____ for your family life. / I may _____ at work because people are always telling me nice things. But _____ pay my rent. A bonus can be used to _____.
결론 (재주장)	In conclusion, _____ the best way to motivate employees is to tell them how good their work is. I would rather _____. Financial rewards _____ and give you something specific _____. Financial rewards also help _____.

② 교육

전학 가다	change schools
인턴십을 찾다 / 얻다 / 수료하다	look for / get / complete an internship
무급 인턴십	unpaid internship
혼자서, 자력으로	by yourself, on one's own
~로부터 시간을 빼앗다	take time away from
수강하다	take a class
진로를 바꾸다	change (one's) career
~에 초점을 맞추다, 집중하다	focus on
(시간이) ~만큼 들다, 걸리다	take up ~
최신 교수법	the most current teaching method
~을 꿈꾸다	dream of ~
~에 대해 엄선하다	be selective about ~
문제를 제거하다	eliminate the problem
~의 양을 제한하다	limit the amount of ~
발표하다	give presentation
~의 자신감을 높이다	boost one's self-confidence build one's confidence
~에게 이롭다, 유익하다	be beneficial to ~
긴장되다	get nervous
~하는 것이 편하다, 괜찮다	be comfortable with ~
~하는 것이 힘들다고 생각하다	find it difficult to ~
~을 해결하다, 대처하다	deal with ~
~로부터 혜택을 얻다, 이득을 얻다	benefit from ~
~에게 휴식을 주다, 여유를 허락하다	give ~ a break
머리를 비우다, 복잡한 생각을 멈추다	clear one's head
놀다, 재미있는 시간을 갖다	have fun
시간을 분배하다, 할당하다	budget one's time
~를 존경하다	look up to ~
~와 교류하다, 교감을 나누다	interact with ~
~와 의사소통하다	communicate with ~
~의 가치가 있다	be worthy of ~
~의 행동을 따라 하다	imitate one's behavior

| 전략적용 문제 |

주어진 주장/이유/예시 내용을 참고하여 다음 문제에 대한 에세이를 완성해보세요.

Do you think it is important for high school students to take a class on public speaking? Why or why not? Give reasons and examples to support your opinion.

- **주장** 학생들은 고등학교에서 대중 연설 수업을 받는 것이 좋다고 생각한다.
- **이유 1** 많은 사람들 앞에서 발표를 잘하는 법을 배우는 것이 대학에 진학할 학생들에게 유익하다.
- **예시 1** 시선을 마주치는 법, 써 놓은 자료 줄줄 읽기를 피하는 방법을 배우는 일은 중요하다.
- **이유 2** 학생들이 향후 진로를 대비할 수 있도록 해준다.
- **예시 2** 어떤 학생들은 선생님이 될 수도 있고, 비즈니스에서도 발표력이 필요할 수 있다.
- **이유 3** 대중 연설을 잘하면 남들과의 일반적인 대화에도 편안함을 느끼게 된다.
- **예시 3** 어떤 사람들은 한두 사람과의 대화도 많은 사람들에게 연설하는 것만큼 힘들어한다.

서론 (주장)	I believe that students _____ in high school. They would not only learn _____ in front of large groups of people, but they would also become more comfortable _____ _____. Public speaking skills could also boost _____.
본론 1 (이유 1 / 예시 1)	Learning how to successfully present in front of large groups of people _____ to students who continue on to college. / If students want to succeed in their college classes, they should be able to _____. Learning how to _____ and how to avoid _____ is important.
본론 2 (이유 2 / 예시 2)	Public speaking courses will also prepare students _____. They should know _____ because they may end up working in an environment where they need to give lots of presentations. / Some students may end up _____ and will be speaking to groups of people the entire day. In order to be a good teacher, individuals should be able to _____. This requires good public speaking skills. In the business world, employees _____, even if they do not have to do it all the time.
본론 3 (이유 3 / 예시 3)	Finally, people who _____ will eventually become comfortable speaking to people in general. / Some people find it just as difficult to _____ as it is to speak to 20 or 100 people. Public speaking courses help teach students to _____. The more they practice, _____ talking to people. Therefore, public speaking courses can help _____ since they can talk to people without feeling shy.
결론 (재주장)	I think high school students would _____ public speaking courses. They could help students in _____. They can also help _____ _____ and their ability to talk to people without being _____.

③ 환경·가치관

환경을 보호하다	protect the environment
환경을 보호하며 살다	live greenly
~에 대한 인식을 고조시키다	raise awareness about ~
~으로 하여금 …을 인식하게 하다	make ~ aware of …
~에 신경쓰다, 주의하다	care about ~
~로 하여금 …하도록 장려하다	encourage ~ to 동사
~에 의해 직접 영향받다	be directly affected by ~
~로부터 발생한 오염	pollution from ~
~을 …로부터 없애다, 제거하다	remove ~ from …
결국 ~하게 되다, ~로 끝나다	eventually end up -ing
변화를 일으키다, 변화시키다	make a difference
~로부터 동떨어진	distinct from ~
서식처 파괴	habitat destruction
~을 목표로 하다	aim at ~
~인 것으로 판명되다	it turns out that ~
~의 원인이 되다	contribute to ~
가까이 살다 / 멀리 살다	live close / far away ~
야근하다	work late
아프다, 병이 나다	get sick
건강을 유지하다, 건강한 상태이다	stay healthy
(집에) ~하러 들르다	come over to ~
자원봉사를 하다	do volunteer work
사람마다 다르다	vary from person to person
스트레스를 줄이다	reduce one's stress
정신없이 바쁜 하루	hectic day
변화의 결여	lack of change
시간 / 돈 낭비	waste of time / money
~할 예정이다, 계획이다	plan on ~
~를 바쁘게 하다	keep ~ busy
~를 …하게 해주다	enable ~ to 동사
~에 소속되어 있다	belong to ~
~와 친구가 되다	become friends with ~

| 전략적용 문제 |

주어진 주장/이유/예시 내용을 참고하여 다음 문제에 대한 에세이를 완성해보세요.

Many governments fund programs that help protect the environment. In your opinion, is this a good use of government funds? Why or why not? Give reasons and examples to support your opinion.

- **주장** 환경 보호를 돕는 자금 지원 프로그램은 정부 기금을 잘 활용하는 것이라고 생각한다.
- **이유 1** 환경 문제가 발생하면 모두 영향을 받는다.
- **예시 1** 도시 거주자들은 자동차, 버스, 건물에서 나오는 오염 물질에, 외곽 지역 거주자들도 도시로부터 나오는 오염 물질에 영향을 받는다. 수질 오염 또한 모두에게 영향을 미친다.
- **이유 2** 정부의 자금 지원 프로그램은 주민들이 환경에 대해 더 생각하고 보호하도록 장려할 수 있다.
- **예시 2** 모든 가정에 재활용품 통을 제공하는 것처럼 작은 일이 주민들에게 재활용을 장려할 수 있다.

서론 (주장)	I believe that funding programs that _____ is a good use of government funds. Protecting the environment is _____, so everyone would benefit. Also, funding programs that protect the environment will _____, which can encourage people to live more greenly.
본론 1 (이유 1 / 예시 1)	Since we all live on Earth, _____ when there are environmental problems. / I live in a city, so I am _____ from cars, buses, and buildings. If the government funded a program _____, it would benefit me and everyone else living in the city. This kind of program would also benefit people who _____ surrounding the city, since their air is affected by _____. Improving air quality in one place does _____, but it might not be obvious. A more obvious example would be programs helping to _____. Reduced air pollution in a city may not seem helpful to people who live hours away from the city, but _____. Trash can flow far from the city and _____ or in a large ocean. _____ very far from the factory using the chemicals, and they can eventually end up in your drinking water. For these reasons, a program reducing water pollution _____.
본론 2 (이유 2 / 예시 2)	In addition, governments' funding programs like this also encourages residents to _____. / For example, something as small as providing recycling bins for every home would _____. This would show them that _____ even with small lifestyle changes. Programs can also make the public _____ that seem distant from their daily lives _____. Even though we may not see habitats being destroyed, a program aimed at _____ would raise our awareness about this problem. _____ towards commercials or towards community clean-up opportunities. This would make the citizens feel like _____ since they would see the programs' successes.
결론 (재주장)	By _____, the government would be helping its citizens as well as increasing awareness about problems. For these reasons, I believe that _____ is a good idea.

PART.03 ACTUAL TEST

모범 답안 & 번역 p.143

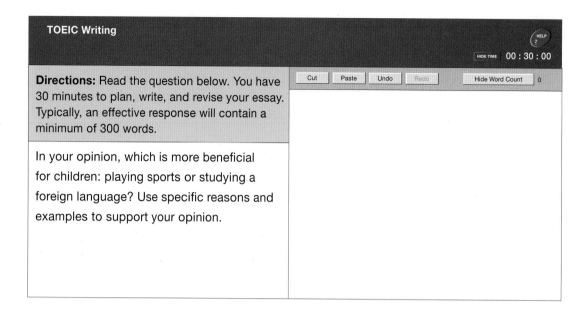

TOEIC Writing

HELP ?

HIDE TIME 00 : 30 : 00

Directions: Read the question below. You have 30 minutes to plan, write, and revise your essay. Typically, an effective response will contain a minimum of 300 words.

In your opinion, which is more beneficial for children: playing sports or studying a foreign language? Use specific reasons and examples to support your opinion.

Cut   Paste   Undo   Redo   Hide Word Count   0

ETS FINAL TEST.

1

Questions 1-5: Write a sentence based on a picture

Directions : In this part of the test, you will write ONE sentence that is based on a picture. With each picture, you will be given TWO words or phrases that you must use in your sentence. You can change the forms of the words and you can use the words in any order. Your sentences will be scored on

- the appropriate use of grammar and
- the relevance of the sentence to the picture.

In this part, you can move to the next question by clicking on **Next**. If you want to return to a previous question, click on **Back**. You will have 8 minutes to complete this part of the test.

Example

write / notebook

Sample response

This man is writing in a notebook.

This screen will move forward **automatically** in 60 seconds.

Directions : Write ONE sentence based on the picture. Use the TWO words or phrases under the picture. You may change the forms of the words and you may use them in any order.

hold / book

Cut | Paste | Undo | Redo   Hide Word Count | 0

TOEIC Writing

Question 2 of 5

HELP
?
BACK
NEXT

HIDE TIME 00 : 08 : 00

Directions : Write ONE sentence based on the picture. Use the TWO words or phrases under the picture. You may change the forms of the words and you may use them in any order.

many / customer

| Cut | Paste | Undo | Redo | | Hide Word Count | 0 |

Directions : Write ONE sentence based on the picture. Use the TWO words or phrases under the picture. You may change the forms of the words and you may use them in any order.

cup / on top of

| Cut | Paste | Undo | Redo | | Hide Word Count | 0 |

Directions : Write ONE sentence based on the picture. Use the TWO words or phrases under the picture. You may change the forms of the words and you may use them in any order.

clean / because

| Cut | Paste | Undo | Redo | | Hide Word Count | 0 |

Directions : Write ONE sentence based on the picture. Use the TWO words or phrases under the picture. You may change the forms of the words and you may use them in any order.

wait / until

| Cut | Paste | Undo | Redo | | Hide Word Count | 0 |

FINAL TEST 1

Questions 6-7: Respond to a written request

Directions : In this part of the test, you will show how well you can write a response to an e-mail.

Your response will be scored on

- the quality and variety of your sentences,
- vocabulary, and
- organization.

You will have 10 minutes to read and answer each e-mail.

Click on **Continue** to go on.

Directions : Read the e-mail.

From: Michael Dunn, HR Director
To: Mariko Yoshida
Subject: Application for tuition assistance
Sent: September 26, 10:51 A.M.

Ms. Yoshida,

Thank you for your interest in our company's program that helps employees pay for educational expenses. Please provide information about the course you wish to take and how it relates to your job and professional development. Let me know if you have any further questions about the program.

Michael Dunn

Directions: Respond to the e-mail. In your e-mail, give TWO pieces of information and ask ONE question.

| Cut | Paste | Undo | Redo | | Hide Word Count | 0 |

Directions : Read the e-mail.

From:	Bernardo Cruz
To:	Greenline Taxi Service
Subject:	My wallet
Sent:	November 19, 11:22 A.M.

Thanks for your phone message telling me that my wallet was found in one of your taxis this morning. You said I can come get it at your main office. Please tell me where this office is located and what I need to do to claim my wallet.

Directions: Respond to the e-mail as if you work for Greenline Taxi Service. In your e-mail, give TWO pieces of information and ONE instruction.

Cut	Paste	Undo	Redo		Hide Word Count	0

Question 8: Write an opinion essay

Directions : In this part of the test, you will write an essay in response to a question that asks you to state, explain, and support your opinion on an issue. Typically, an effective essay will contain a minimum of 300 words. Your response will be scored on

- whether your opinion is supported with reasons and/or examples.
- grammar,
- vocabulary, and
- organization.

You will have 30 minutes to plan, write, and revise your essay.

Click on **Continue** to go on.

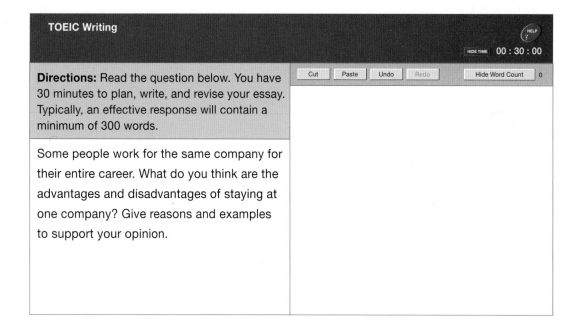

TOEIC Writing

HELP ?

HIDE TIME 00 : 30 : 00

| Cut | Paste | Undo | Redo | | Hide Word Count | 0 |

Directions: Read the question below. You have 30 minutes to plan, write, and revise your essay. Typically, an effective response will contain a minimum of 300 words.

Some people work for the same company for their entire career. What do you think are the advantages and disadvantages of staying at one company? Give reasons and examples to support your opinion.

ETS FINAL TEST.

2

Questions 1-5: Write a sentence based on a picture

Directions : In this part of the test, you will write ONE sentence that is based on a picture. With each picture, you will be given TWO words or phrases that you must use in your sentence. You can change the forms of the words and you can use the words in any order. Your sentences will be scored on

- the appropriate use of grammar and
- the relevance of the sentence to the picture.

In this part, you can move to the next question by clicking on **Next**. If you want to return to a previous question, click on **Back**. You will have 8 minutes to complete this part of the test.

Example

write / notebook

Sample response

This man is writing in a notebook.

This screen will move forward **automatically** in 60 seconds.

Directions : Write ONE sentence based on the picture. Use the TWO words or phrases under the picture. You may change the forms of the words and you may use them in any order.

both / look at

| Cut | Paste | Undo | Redo |

Hide Word Count   0

Directions : Write ONE sentence based on the picture. Use the TWO words or phrases under the picture. You may change the forms of the words and you may use them in any order.

stand / near

| Cut | Paste | Undo | Redo | | Hide Word Count | 0 |

Directions : Write ONE sentence based on the picture. Use the TWO words or phrases under the picture. You may change the forms of the words and you may use them in any order.

many / outside

| Cut | Paste | Undo | Redo | | Hide Word Count | 0 |

TOEIC Writing

(ETS)

Question 4 of 5

HELP
?

BACK
←

NEXT
→

HIDE TIME   00 : 08 : 00

Directions : Write ONE sentence based on the picture. Use the TWO words or phrases under the picture. You may change the forms of the words and you may use them in any order.

after / train

| Cut | Paste | Undo | Redo | | Hide Word Count | 0 |

Directions : Write ONE sentence based on the picture. Use the TWO words or phrases under the picture. You may change the forms of the words and you may use them in any order.

careful / since

| Cut | Paste | Undo | Redo |

Hide Word Count 0

Questions 6-7: Respond to a written request

Directions : In this part of the test, you will show how well you can write a response to an e-mail.

Your response will be scored on

- the quality and variety of your sentences,
- vocabulary, and
- organization.

You will have 10 minutes to read and answer each e-mail.

Click on **Continue** to go on.

Directions : Read the e-mail.

From: Hopkins Bookstore
To: Customer Mailing List
Subject: Customer rewards program
Sent: November 3, 4:32 P.M.

Dear Customer,

Hopkins Bookstore is launching a Customer Rewards Program. Shoppers will earn rewards points on every purchase, and they will be able to use these points to receive free merchandise. Please let us know if you have any questions about this program.

Hopkins Bookstore

Directions: Respond to the e-mail. In your e-mail, give ONE piece of information and ask TWO questions.

| Cut | Paste | Undo | Redo | | Hide Word Count | 0 |

HELP ?

HIDE TIME 00 : 10 : 00

Directions : Read the e-mail.

From: Lucas Brent, Manager
To: Customer Service Department
Subject: Common customer complaints
Sent: October 6, 9:00 A.M.

Hi everybody,

I'm planning to train some new customer service employees. I want them to get a sense of the issues they're most likely to hear about. What is the most common customer complaint you've heard, and how do you typically respond?

Thanks,

Lucas
Customer Service Department Manager

Directions: Respond to the e-mail as if you are a customer service employee. In your e-mail, describe ONE complaint and give TWO pieces of information.

| Cut | Paste | Undo | Redo | Hide Word Count | 0 |

Question 8: Write an opinion essay

Directions : In this part of the test, you will write an essay in response to a question that asks you to state, explain, and support your opinion on an issue. Typically, an effective essay will contain a minimum of 300 words. Your response will be scored on

- whether your opinion is supported with reasons and/or examples.
- grammar,
- vocabulary, and
- organization.

You will have 30 minutes to plan, write, and revise your essay.

Click on **Continue** to go on.

HELP
?

HIDE TIME 00 : 30 : 00

Cut | Paste | Undo | Redo | Hide Word Count | 0

Directions: Read the question below. You have 30 minutes to plan, write, and revise your essay. Typically, an effective response will contain a minimum of 300 words.

Which of the following qualities do you value MOST in a manager? Choose ONE and use specific examples and reasons to support your choice.

- Creativity
- Honesty
- Sympathy

ETS FINAL TEST.

3

Questions 1-5: Write a sentence based on a picture

Directions : In this part of the test, you will write ONE sentence that is based on a picture. With each picture, you will be given TWO words or phrases that you must use in your sentence. You can change the forms of the words and you can use the words in any order. Your sentences will be scored on

- the appropriate use of grammar and
- the relevance of the sentence to the picture.

In this part, you can move to the next question by clicking on **Next**. If you want to return to a previous question, click on **Back**. You will have 8 minutes to complete this part of the test.

Example	**Sample response**

This man is writing in a notebook.

write / notebook

This screen will move forward **automatically** in 60 seconds.

Directions : Write ONE sentence based on the picture. Use the TWO words or phrases under the picture. You may change the forms of the words and you may use them in any order.

clean / floor

| Cut | Paste | Undo | Redo | | Hide Word Count | 0 |

Directions : Write ONE sentence based on the picture. Use the TWO words or phrases under the picture. You may change the forms of the words and you may use them in any order.

behind / desk

| Cut | Paste | Undo | Redo | | Hide Word Count | 0 |

TOEIC Writing

(ETS)

Question 3 of 5

HELP
?

BACK

NEXT

HIDE TIME   00 : 08 : 00

Directions : Write ONE sentence based on the picture. Use the TWO words or phrases under the picture. You may change the forms of the words and you may use them in any order.

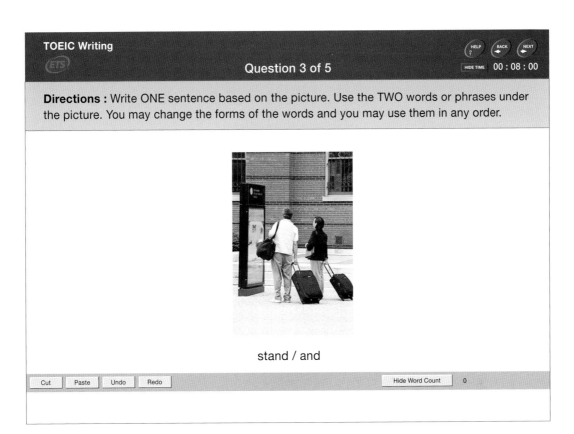

stand / and

| Cut | Paste | Undo | Redo | | Hide Word Count | 0 |

Directions : Write ONE sentence based on the picture. Use the TWO words or phrases under the picture. You may change the forms of the words and you may use them in any order.

read / as

Cut   Paste   Undo   Redo   Hide Word Count   0

Directions : Write ONE sentence based on the picture. Use the TWO words or phrases under the picture. You may change the forms of the words and you may use them in any order.

after / pay

Cut   Paste   Undo   Redo   Hide Word Count   0

FINAL TEST 3

Questions 6-7: Respond to a written request

Directions : In this part of the test, you will show how well you can write a response to an e-mail.

Your response will be scored on

- the quality and variety of your sentences,
- vocabulary, and
- organization.

You will have 10 minutes to read and answer each e-mail.

Click on **Continue** to go on.

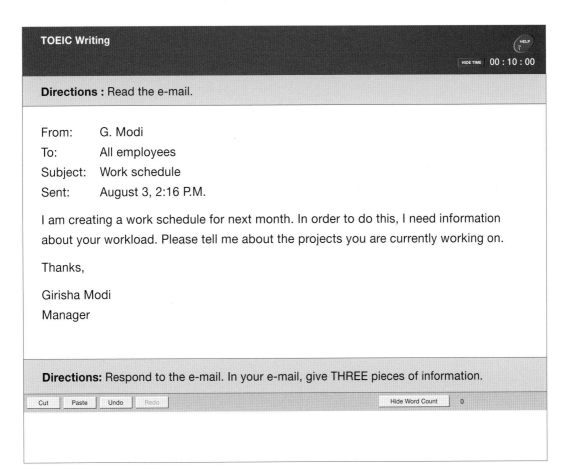

Directions : Read the e-mail.

From: G. Modi
To: All employees
Subject: Work schedule
Sent: August 3, 2:16 P.M.

I am creating a work schedule for next month. In order to do this, I need information about your workload. Please tell me about the projects you are currently working on.

Thanks,

Girisha Modi
Manager

Directions: Respond to the e-mail. In your e-mail, give THREE pieces of information.

Cut   Paste   Undo   Redo   Hide Word Count   0

Directions : Read the e-mail.

From: Louisa Johnson, Restaurant Manager
To: All Restaurant Employees
Subject: Ways to increase business
Sent: October 8, 9:20 A.M.

Dear restaurant employees,

As you know, we are trying to increase business here at the restaurant. Please send me ideas for ways we can attract new customers. I'd appreciate it if you could submit your suggestions by next week.

Louisa Johnson
Restaurant Manager

Directions: Respond to the e-mail as if you work at a restaurant. In your e-mail, make THREE suggestions.

Cut   Paste   Undo   Redo   Hide Word Count   0

Question 8: Write an opinion essay

Directions : In this part of the test, you will write an essay in response to a question that asks you to state, explain, and support your opinion on an issue. Typically, an effective essay will contain a minimum of 300 words. Your response will be scored on

- whether your opinion is supported with reasons and/or examples.
- grammar,
- vocabulary, and
- organization.

You will have 30 minutes to plan, write, and revise your essay.

Click on **Continue** to go on.

HELP
?

HIDE TIME 00 : 30 : 00

Cut | Paste | Undo | Redo | Hide Word Count | 0

Directions: Read the question below. You have 30 minutes to plan, write, and revise your essay. Typically, an effective response will contain a minimum of 300 words.

Which ONE of the following contributes most to living a happy life? Why? Use reasons and examples to support your choice.

- Having a hobby
- Doing volunteer work
- Living near family members

ETS

모범 답안
&
번역

PART. 01 사진에 근거한 문장 만들기

주요 제시어별 고득점 전략

1. '명사' 제시어 조합 | 전략적용 문제 | p.21

1.

tall / **tree** 키가 큰, 높은 / 나무

There are **tall trees** in a park.

공원에 키가 큰 나무들이 있다.

_____

2.

many / **watch** 많은 / 시계

There are **many watches** on the wall.

벽에 시계가 많이 걸려 있다.

_____

3.

next to / **water** ~ 옆에 / 물

They sit **next to** each other and look at the **water**.

사람들이 나란히 앉아 물을 바라본다.

_____

4.

cart / because 카트 / ~하기 때문에

He is using a **cart because** the boxes are heavy.

상자들이 무겁기 때문에 남자가 카트를 사용하고 있다.

_____

1.

prepare / dinner
준비하다 / 저녁식사

They **prepare dinner**.
사람들이 저녁 식사를 준비한다.

_____

2.

man / **sweep**
남자 / 쓸다

The **man** is **sweeping**.
남자가 빗자루로 쓸고 있다.

_____

3.

pick up / apple
집어들다 / 사과

She **picks up** an **apple**.
여자가 사과를 집어 든다.

_____

4.

decide / if
결정하다 / ~인지 아닌지

He is **deciding if** he likes the menu.
남자는 메뉴가 괜찮을지 아닐지 결정하고 있다.

_____

1.

next to / building
~ 옆에 / 건물

The bikes are **next to** the **building**.
자전거들이 건물 옆에 있다.

_____

2.

woman / **behind**
여자 / ~ 뒤에

The **woman** is standing **behind** her colleague.
여자가 동료 뒤에 서 있다.

_____

3.

between / chair
~ 사이에 / 의자

The desk is **between** the **chairs**.
책상이 의자들 사이에 있다.

_____

4.

clean / **outside**
청소하다 / 밖에서

The woman is **cleaning outside**.
여자가 밖에서 청소를 하고 있다.

_____

4. '접속사' 제시어 조합 | 전략적용 문제 | p.27

1.

There is[are] a **table and** plants in the room.
방 안에 탁자 하나와 식물들이 있다.

table / **and**
탁자 / 그리고

2.

The man **watches while** the people discuss their plan.
사람들이 계획에 대해 논의하는 동안 남자가 바라보고 있다.

watch / **while**
보다 / ~하는 동안

3.

She **opens** the door **in order to** get a drink.
여자가 마실 것을 사려고 문을 연다.

open / **in order to**
(문을) 열다 / ~하기 위하여, ~하려고

4.

The woman **shows** her colleague **how** to use the company computer.
여자가 자신의 동료에게 회사 컴퓨터 사용법을 알려준다.

show / **how**
알려주다, 보여주다 / ~하는 방법, 어떻게

PART. 01 ACTUAL TEST p.32

1.

man / hold
남자 / (손으로) 잡다, 들다

1️⃣ The **man holds** a book.
남자가 책을 한 권 들고 있다.

2️⃣ The **man** is **holding** a book.
남자가 책을 한 권 들고 있다.

2.

in / car
~ 안에 / 자동차

1️⃣ She is driving **in** the **car**.
그녀는 차 안에서 운전하고 있다.

2️⃣ The woman is driving **in** her **car**.
여자는 자기 차 안 에서 운전하고 있다.

3.

many / glasses
많은 / 안경

1️⃣ The store sells **many glasses**.
상점은 많은 안경을 판매한다.

2️⃣ **Many glasses** are on the shelves.
많은 안경들이 선반 위에 있다.

4.

rest / because
휴식을 취하다 / ~하기 때문에

1 They **rest because** they are tired.
그들은 피곤하기 때문에 휴식을 취한다.

2 The people **rest because** they need to eat.
사람들은 먹어야 하기 때문에 휴식을 취한다.

5.

talk / as
이야기하다 / ~할 때

1 The man **talks** on the phone **as** the women **talk** to each other.
여자들이 서로 이야기를 나눌 때 남자는 통화를 한다.

2 He is **talking** on the phone **as** the women work.
여자들이 일할 때 남자는 통화를 하고 있다.

PART. 02 이메일 답변 작성하기

문제 유형별 고득점 전략

1. 정보/세부사항 (information/details) | 전략적용 문제 | p.43

From: Vishal Shah To: Finance Office Subject: Travel reimbursement Sent: December 10, 2:11 P.M. Hello, I know that I can be reimbursed for certain business trip costs but not others. I kept records of everything I spent while on business for our company in Tokyo. Could you give me the details on the company policy for getting refunds for the money I spent? Thank you, Vishal	발신: 비샬 샤 수신: 경리과 제목: 출장비 환급 보낸 날짜: 12월 10일 오후 2시 11분 안녕하세요. 특정 출장비는 환급을 받을 수 있고 다른 비용은 안 되는 것으로 알고 있는데요. 도쿄 지사 출장 중 지출한 모든 비용의 기록을 보관해 두었습니다. 지출한 비용의 환급에 관한 회사 정책을 자세히 알려주실 수 있나요? 감사합니다. 비샬
Directions : Respond to the e-mail as if you work in the finance office. In your e-mail, give THREE details.	**지시사항:** 당신이 경리과에 근무하는 것처럼 이메일에 회신하세요. 당신의 이메일에서 세 가지 세부사항을 제시하세요.

> **어휘** reimbursement 환급, 상환 reimburse 환급하다, 변상하다 business trip 출장 keep a record 기록해 두다
> detail 세부사항 policy 정책, 방침 refund 환불; 환불하다

(도입부) Hi Vishal,	안녕하세요, 비샬.
(용건) (세부사항 1) <u>The company will refund</u> some food, travel, and hotel costs. (세부사항 2) Your manager <u>gave you a budget</u> and you <u>will be refunded</u> according to that budget. (세부사항 3) <u>If you spent more</u>, you <u>will not receive refunds</u> for the total amount you spent.	회사에서는 식대, 교통비, 숙박비를 환급해 드립니다. 당신의 관리자가 예산을 부여했으니 그 예산에 따라 환급을 받으실 겁니다. 더 지출했다면 지출한 비용의 전액을 환급받지는 못합니다.
(마무리) If you have any other questions, <u>please contact us again</u>. Best, Joo-Won Choi	질문이 있으시면 다시 연락 주세요. 최주원

> **어휘** budget 예산 according to ~에 따라서 total 총, 전체의 contact 연락하다

122

2. 제안 (suggestion) | 전략적용 문제 | p. 45

From: John Dembo, TMR Industries To: Susan Hoffman, TMR Industries Subject: Employee awards dinner Sent: April 5, 6:00 P.M. Hi Susan, I'm coordinating the employee awards dinner this year. I know you've done this in the past. Can you tell about your experience planning previous dinners? Also, I'd appreciate any suggestions that you may have. John Dembo	발신: 존 뎀보, TMR 인더스트리즈 수신: 수잔 호프만, TMR 인더스트리즈 제목: 직원 시상식 만찬 보낸 날짜: 4월 5일 오후 6시 안녕하세요 수잔, 올해 직원 시상식 만찬을 준비하고 있는데요. 예전에 이 일을 하셨던 걸로 압니다. 이전 만찬을 기획했던 경험에 대해 들려주실 수 있나요? 아울러 어떤 제안사항이라도 주시면 감사하겠습니다. 존 뎀보
Directions: Respond to the e-mail. In your e-mail, give TWO pieces of information and make ONE suggestion.	**지시사항:** 이메일에 회신하세요. 당신의 이메일에서 두 가지 정보를 제시하고 한 가지 제안을 하세요.

어휘 employee 고용인, 직원 awards dinner 시상식 만찬 coordinate 조직하다, 준비하다 previous 이전의
appreciate 감사하다, 고마워하다 suggestion 제안

(도입부) Hi John,	안녕하세요 존,
(용건) (정보 1) I always held it in the conference room in order to save money. (정보 2) There are a lot of good caterers in the area to choose from. (제안) It is best to start at least a month before the dinner so that you have enough time to do everything.	저는 비용 절감을 위해 항상 회의실에서 개최했어요. 지역 내에 선택할 수 있는 괜찮은 출장 뷔페 업체가 많이 있어요. 만찬 모임 최소 한 달 전에 시작해서 모든 것을 준비할 시간을 충분히 갖는 것이 가장 좋아요.
(마무리) Best, Susan	수잔

어휘 hold 개최하다, 열다 conference room 회의실 in order to ~하기 위해 save money 비용을 절감하다
caterer 출장 뷔페 업체, 음식 공급자 at least 최소한, 적어도

3. 이유 (reason) | 전략적용 문제 | p.47

From: S.Ramsey@lindco.com.au To: E.Mayer@lindco.com.au Subject: Employee training session Sent: June 4, 11:21 A.M. Dear Ms. Mayer, I received a memo telling me to attend a customer service training session next Saturday. That is outside my normal working hours. As you are my manager, could you please tell me more about this training and why I'm being asked to take it? Thanks, Sheila Ramsey	발신: S.Ramsey@lindco.com.au 수신: E.Mayer@lindco.com.au 제목: 직원 교육 보낸 날짜: 6월 4일 오전 11시 21분 메이어 씨께, 다음 토요일 고객서비스 교육 시간에 참석하라고 말씀하신 메모를 받았는데요. (그때는) 제 정규 업무시간이 아닙니다. 저의 관리자이시니 이 교육에 관한 더 자세한 내용과 제가 참석 요청을 받은 이유를 말씀해주시겠습니까? 감사합니다. 쉴라 램지
Directions : Respond to the e-mail as if you are Sheila Ramsey's manager. In your e-mail, give TWO pieces of information and ONE reason.	**지시사항:** 당신이 쉴라 램지의 관리자인 것처럼 이메일에 회신하세요. 당신의 이메일에서 두 가지 정보와 한 가지 이유를 제시하세요.

어휘 attend 참석하다 customer service 고객서비스 training session 교육 시간 outside ~ 밖의 normal 보통의, 정상적인

(도입부) Dear Sheila,	쉴라 씨께,
(용건) (정보 1) The Saturday training session <u>lasts all day</u> and will teach you <u>about our four new products</u>. (이유) We want you to <u>be able to address customer service issues</u> related to the new products, so <u>you need to learn more</u> about them. (정보 2) If you cannot <u>attend the Saturday training</u>, you will not be able to work with the new products <u>until you are trained</u>.	토요일 교육은 하루 종일 계속되며 우리 신제품 4종에 대해 알려드릴 예정입니다. 쉴라 씨가 신제품에 관한 고객서비스 문제를 해결할 수 있었으면 하니, 신제품에 대해 더 배우셔야 할 겁니다. 토요일 교육에 참석할 수 없다면 교육이 이뤄질 때까지 신제품 관련 업무는 하실 수 없습니다.
(마무리) Best, Eric	에릭

어휘 last 계속되다, 지속되다 all day 하루 종일 new product 신제품 address (문제 등을) 다루다, 처리하다 issue 문제, 쟁점 related to ~와 관련 있는 train 교육시키다

4. 질문 (question) | 전략적용 문제 | p.49

<table>
<tr>
<td>

From: Jason Vornas, Best Vacation Rentals
To: Pearl Seine
Subject: Vacation rental inquiry
Sent: March 4, 10:01 A.M.

Thank you for expressing interest in our vacation rental houses. If you provide details about what you're looking for, we can suggest rental houses that would fit your needs. We're happy to answer any questions.

</td>
<td>

발신: 제이슨 보르나스, 베스트 베케이션 렌탈
수신: 펄 센
제목: 민박 문의
보낸 날짜: 3월 4일 오전 10시 01분

저희 민박 알선 서비스에 관심을 보여주셔서 감사합니다. 찾고 계신 집에 관한 세부사항을 알려주시면 요구사항에 맞는 민박집을 제안해 드릴 수 있습니다. 어떤 질문이든 답변해 드리겠습니다.

</td>
</tr>
<tr>
<td>

Directions : Respond to the e-mail as if you are looking for a vacation rental house. In your e-mail, give TWO pieces of information and ask ONE question.

</td>
<td>

지시사항: 당신이 민박집을 찾고 있는 것처럼 이메일에 회신하세요. 당신의 이메일에서 두 가지 정보를 제시하고 한 가지 질문을 하세요.

</td>
</tr>
</table>

어휘 rental 임대, 임대물 inquiry 문의, 질문 detail 세부 사항 look for ~을 찾다 fit one's needs ~의 필요에 맞추다[알맞다]

<table>
<tr>
<td>

(도입부) Hi Jason,

</td>
<td>

안녕하세요 제이슨 씨,

</td>
</tr>
<tr>
<td>

(용건) (정보 1) I am looking for a rental house with 4 bedrooms. (정보 2) I would prefer something that is near the beach but not too expensive. (질문) Do you have any rentals that allow pets? I would like to bring my dogs.

</td>
<td>

저는 침실 4개짜리 민박집을 찾고 있어요. 해변에서 가깝되 너무 비싸지 않은 집을 선호합니다. 반려동물이 허용되는 민박집이 있나요? 제 개들을 데려가고 싶어요.

</td>
</tr>
<tr>
<td>

(마무리) Thanks,

Pearl

</td>
<td>

감사합니다.

펄

</td>
</tr>
</table>

어휘 prefer 선호하다 allow 허용하다, 허락하다

5. 지침/불만사항 (instruction/complaint) | 전략적용 문제 | p.51

From: Piero Caggia To: artlessons@ikedasartstudio.com Subject: Art lessons Sent: August 17, 10:30 A.M. Hello, I saw your advertisement about art lessons on the Ikeda's Art Studio Web site. I am interested in lessons for my son. Could you tell me about your qualifications and more about the lessons you provide? Thanks, Piero Caggia	발신: 피에로 카지아 수신: artlessons@ikedasartstudio.com 제목: 미술 수업 보낸 날짜: 8월 17일 오전 10시 30분 안녕하세요. 이케다 아트 스튜디오 웹사이트에서 미술 수업에 관한 광고를 봤습니다. 제 아들이 들을 수업에 관심이 있는데요. 선생님의 자격 사항, 그리고 제공하고 계신 수업에 대한 자세한 내용을 알려주실 수 있나요? 감사합니다. 피에로 카지아
Directions : Respond to the e-mail as if you are the art instructor. In your e-mail, give TWO pieces of information and ONE instruction.	**지시사항:** 당신이 미술 강사인 것처럼 이메일에 회신하세요. 당신의 이메일에 두 가지 정보와 한 가지 지침을 제시하세요.

어휘 advertisement 광고 be interested in ~에 관심이 있다 qualifications 자격 요건[사항] provide 제공하다 instructor 강사 instruction 지시, 설명

(도입부) Hello Piero, Thank you <u>for contacting me.</u>	안녕하세요 피에로 씨, 제게 연락 주셔서 감사합니다.
(용건) (정보 1) <u>I offer drawing and painting classes</u> for different age groups and different skill levels. <u>I teach a sculpture class</u> for young children. (정보 2) <u>My degree is in Fine Art</u>, and <u>I have over ten years of experience</u> teaching children. (지침) If you're not sure <u>if my classes would be a good fit</u> for your son, <u>bring him in anytime</u> to try one out for free. <u>You can sign up afterwards</u> if he likes it.	저는 다양한 연령대와 실력에 맞는 소묘와 회화 수업을 하고 있어요. 어린이들을 위한 조각 수업도 합니다. 순수미술 전공 학위가 있고 아이들을 가르친 경력은 10년 이상입니다. 제 수업이 귀하의 아들에게 잘 맞는지 확신할 수 없다면, 아무 때나 아이를 데리고 오셔서 무료로 한 번 들어보도록 하세요. 아이가 좋아하면 나중에 등록하셔도 됩니다.
(마무리) Sincerely, Yoo-Jin Kim	김유진

어휘 contact 연락하다 offer 제공하다 skill 기량, 기술 sculpture 조각 degree 학위 Fine Art (순수)미술 fit 꼭 맞는 것 anytime 언제든지 try out 시험 삼아 해보다 for free 무료로, 공짜로 sign up 등록하다 afterwards 나중에, 그 뒤에

빈출 주제별 필수 표현

① 회사 업무·행사 | 전략적용 문제 | p.53

From: JRichards@timutelectronics.com To: GPeters@timutelectronics.com Subject: Exit interview Sent: June 12, 7:59 A.M. Dear Ms. Peters, Since you'll soon be leaving our company for another job, I'd like to meet with you for a brief discussion. To prepare for that meeting, could you send me an e-mail about your experience working here and how the company can improve? Thanks, Jessica Richards Human Resources Manager	발신: JRichards@timutelectronics.com 수신: GPeters@timutelectronics.com 제목: 퇴직자 면접 보낸 날짜: 6월 12일 오전 7시 59분 피터스 씨께, 다른 일자리를 구하셔서 회사를 곧 떠나실 예정이라, 만나서 간단히 얘기 나눴으면 합니다. 면담 준비를 위해 우리 회사에서 일하신 경험과 회사가 개선될 수 있는 방법에 대해 이메일을 보내주실 수 있나요? 감사합니다. 제시카 리처드 인사부장
Directions: Respond to the e-mail. In your e-mail, give ONE piece of information and make TWO suggestions.	**지시사항:** 이메일에 회신하세요. 당신의 이메일에서 한 가지 정보를 제시하고 두 가지 제안을 하세요.

어휘 exit interview 퇴직자 면접 leave 떠나다, 그만두다 brief 간단한, 짧은 prepare for ~을 준비하다 experience 경험 improve 개선하다, 향상시키다 Human Resources Manager 인사부장

(도입부) <u>Hello</u>, Ms. Richards,	안녕하세요, 리처드 씨.
(용건) (정보) I enjoyed working here, but <u>the commute was very long</u>. (제안 1) I think the company can improve <u>by allowing people to work from home more often</u> (제안 2) and <u>by providing us all with laptops</u>.	이곳에서 즐겁게 일했습니다만, 통근 시간이 무척 길었어요. 회사에서 사람들에게 재택근무를 더 자주 허용해주고 모든 직원에게 노트북 컴퓨터를 제공하면 회사가 개선될 것 같습니다.
(마무리) <u>Thank you</u>.	감사합니다.

어휘 commute 통근 (거리) work from home 재택근무를 하다 provide 제공하다 laptop 노트북 컴퓨터

모범 답안 & 번역

From: Robert Bremen To: Glenn Cameras Customer Service Subject: Product return Sent: February 9, 10:51 A.M. I recently purchased a battery for my camera from your Web site. The online description said that the battery would be compatible with my camera, but it's the wrong size. What do I need to do to return this battery and get the right one for my camera? Thanks, Robert Bremen	발신: 로버트 브레멘 수신: 글렌 카메라 고객서비스 제목: 제품 반품 보낸 날짜: 2월 9일 오전 10시 51분 최근 귀사의 웹사이트에서 카메라 배터리를 구입했어요. 온라인 설명서에는 해당 배터리가 제 카메라와 호환된다고 쓰여 있었는데 크기가 달라요. 이 배터리를 반품하고 제 카메라에 맞는 배터리를 사려면 어떻게 해야 할까요? 감사합니다. 로버트 브레멘
Directions: Respond to the e-mail as if you are a customer service representative. In your e-mail, give TWO pieces of information and ask ONE question.	**지시사항**: 당신이 고객서비스 상담원인 것처럼 이메일에 회신하세요. 당신의 이메일에서 두 가지 정보를 제시하고 한 가지 질문을 하세요.

어휘 product 제품 return 반품(하다), 반환(하다) recently 최근에 purchase 구입하다, 사다 description (제품) 설명서 compatible 호환이 되는 customer service representative 고객서비스 상담 직원

(도입부) <u>Hello</u>, Robert,	안녕하세요 로버트 씨.
(용건) <u>We are sorry about</u> the confusion. (정보 1) <u>There should be a return label</u> in the package you received. (정보 2) You can use any box to <u>send the battery back</u>. Just <u>attach the label</u>. (질문) <u>Can you send me your order number</u>? Once I receive it, I will <u>refund the cost of shipping</u>.	혼란을 드려 죄송합니다. 받으신 물품 포장에 반품 라벨이 있을 겁니다. 아무 상자나 사용하셔서 배터리를 다시 보내주세요. 라벨만 붙여 주십시오. 주문 번호를 보내 주시겠어요? 받고 나면 배송비를 환불해 드리겠습니다.
(마무리) <u>Thank you</u>, Glenn Cameras	감사합니다. 글렌 카메라

어휘 confusion 혼란, 혼동 return label 반품 라벨 package 포장물, 패키지 send back 되돌려보내다 attach 붙이다, 첨부하다 order number 주문 번호 refund 환불(하다) cost of shipping 배송비, 운송비

From:	M. Lee	발신: M. 리
To:	Explore The City Tour Company	수신: 익스플로어 더 시티 관광 회사
Subject:	Sightseeing tours	제목: 관광 투어
Sent:	June 14, 9:46 A.M.	보낸 날짜: 6월 14일 오전 9시 46분

I will be staying in your city for five days in July. I'd like to see some interesting places during that time. Could you please give me some information about the sightseeing tours that your company offers?	7월에 그곳 도시에서 닷새 동안 머물 예정입니다. 해당 기간 동안 흥미로운 장소들을 둘러보고 싶은데요. 귀사에서 제공하는 관광 투어에 대한 정보를 주실 수 있을까요?
Directions: Respond to the e-mail as if you work for a tour company. In your e-mail, give TWO pieces of information and ask ONE question.	**지시사항:** 당신이 여행사에 근무하는 것처럼 이메일에 회신하세요. 당신의 이메일에서 두 가지 정보를 제시하고 한 가지 질문을 하세요.

어휘 sightseeing 관광 stay 머물다 interesting 흥미로운, 재미있는 information 정보 offer 제공하다, 제안하다

(도입부) Hi,	안녕하세요.
(용건) (질문) Are you interested in a bus tour or a walking tour? (정보 1) We offer both types of tours, and all of our tours are led by experienced guides. (정보 2) We have tours that focus on the city's historic sites, tours that visit the city's cultural sites, and tours that introduce our most popular destinations. Let us know what you are interested in.	버스 관광에 관심이 있으십니까, 아니면 도보 관광에 관심이 있으십니까? 저희는 두 가지 형태의 관광을 모두 제공하며, 모든 관광은 숙련된 가이드가 진행합니다. 도시 사적지에 중점을 둔 관광, 문화 유적지를 방문하는 관광, 가장 인기 있는 행선지들을 소개하는 관광이 있습니다. 어떤 것에 관심이 있으신지 알려주십시오.
(마무리) Sincerely, Explore The City Tour Company	익스플로어 더 시티 관광 회사

어휘 be interested in ~에 관심이 있다 experienced 경험이 있는, 능숙한 guide 가이드, (여행) 안내인 focus on ~에 중점을 두다 historic site 사적지, 유적지 cultural site 문화 유적지 destination 목적지, 행선지

PART.02 ACTUAL TEST p.58

6.

From:　　K. Lehmann To:　　　A. Mitra Subject: Invitation to give a workshop Sent:　　June 12, 9:34 A.M. Dear Dr. Mitra: I enjoyed your workshop at the convention last week. I'd like to invite you to give a similar presentation to the employees at Gammite Enterprises. When would you be available? Also, please let me know what you will need for your presentation. Klaus Lehmann Manager, Gammite Enterprises	발신: K. 리먼 수신: A. 미트라 제목: 워크숍 진행 요청 보낸 날짜: 6월 12일 오전 9시 34분 미트라 박사님, 지난주 협의회에서 박사님의 워크숍을 잘 들었습니다. 갬마이트 엔터프라이즈 직원들에게 비슷한 발표를 해주십사 요청드립니다. 언제 시간이 되십니까? 아울러 발표에 필요한 사항은 저에게 알려 주십시오. 클라우스 리먼 갬마이트 엔터프라이즈 관리자
Directions: Respond to the e-mail. In your e-mail, give THREE pieces of information.	**지시사항:** 이메일에 회신하세요. 당신의 이메일에서 세 가지 정보를 제시하세요.

어휘 invitation 초대, 요청, 권유　workshop 워크숍, 연수회　convention 협의회, 대회　similar 비슷한, 유사한 presentation 프레젠테이션, 발표　employee 직원　available 시간이 있는, 여유가 있는

(도입부) Hi,	안녕하세요.
(용건) (정보 1) I am available in August and September. (정보 2) I will need a projector and a room that is large enough to allow people to talk in small groups. (정보 3) I am busy, so please give me at least three weeks to prepare.	저는 8월과 9월에 시간이 됩니다. 프로젝터와 사람들이 소그룹으로 이야기할 수 있을 만큼 넓은 방이 필요합니다. 제가 바쁘니 준비할 시간을 최소 3주 주셨으면 합니다.
(마무리) Thanks! Dr. Mitra	감사합니다! 미트라 박사

어휘 in small groups 소그룹으로, 작은 무리를 지어 at least 적어도, 최소한 prepare 준비하다

2

(도입부) Hello Klaus,	안녕하세요, 클라우스.
(용건) (정보 1) I'm available every Thursday and Friday this month. (정보 2) For the presentation, I need you to give all participants pens, paper, and copies of the handouts I will send you. (정보 3) Also, I like to use a microphone when I present.	저는 이번 달 매주 목요일과 금요일에 시간이 됩니다. 발표를 위해 모든 참가자들에게 펜, 종이, 제가 보내 드리는 유인물 사본을 나눠주셨으면 합니다. 아울러 발표할 때 마이크를 사용하고 싶습니다.
(마무리) Thank you, Dr. Mitra	감사합니다. 미트라 박사

어휘 participant 참가자, 참석자 handout 유인물 microphone 마이크 present 발표하다

7.

From: Premier Landscaping To: Landerson Law Offices Subject: Customer satisfaction Sent: July 14, 11:02 A.M. Your office recently stopped using our company for your gardening and landscaping needs. Customer service is very important to us, so we would like to hear from you! Please tell us why you canceled your service and how you think we might better serve our customers in the future.	발신: 프리미어 조경 수신: 랜더슨 법률사무소 제목: 고객 만족 보낸 날짜: 7월 14일 오전 11시 02분 최근 귀사에서는 저희의 원예 및 조경 서비스 이용을 중단하셨는데요. 고객서비스는 저희에게 무척 중요한 사항이라, 귀사의 의견을 듣고자 합니다! 서비스 중단 사유, 그리고 저희가 향후 어떻게 하면 고객서비스를 더 잘할 수 있을지 말씀해주시기 바랍니다.
Directions: Respond to the e-mail. In your e-mail, provide TWO reasons and make ONE suggestion.	**지시사항:** 이메일에 회신하세요. 당신의 이메일에서 두 가지 이유를 제시하고 한 가지 제안을 하세요.

어휘 landscaping 조경 customer satisfaction 고객 만족 recently 최근에 gardening 원예 needs 필요, 요구
cancel 취소하다 customer 고객, 소비자

(도입부) Hello,	안녕하세요.
(용건) We stopped using Premier Landscaping (이유 1) because it is difficult to schedule service and (이유 2) we found a company that charges less money. (제안) You should lower your prices so that more customers don't switch to other companies.	저희는 프리미어 조경 이용을 중단했습니다. 서비스 일정을 잡기가 어렵고 비용을 더 낮게 부르는 업체를 찾았기 때문입니다. 더 많은 고객이 다른 업체로 옮겨가지 않도록 가격을 낮추셔야 할 겁니다.
(마무리) Sincerely, Marya	마리아

어휘 schedule 일정을 잡다　charge (비용을) 청구하다　lower 낮추다, 내리다　switch to ~로 바꾸다

2

(도입부) Dear Premier Landscaping,	프리미어 조경 귀하
(용건) We stopped using your company (이유 1) because we did not like the flowers you were planting. (이유 2) Also, I e-mailed and asked you to remove a dead tree, but the tree is still there. (제안) If you want to improve your service, you should listen to your customers.	저희는 귀사 이용을 중단했습니다. 심어 주신 꽃들이 마음에 들지 않아서요. 또한 제가 이메일을 보내 죽은 나무를 제거해 달라고 요청했는데 나무가 아직 그대로 있군요. 서비스를 향상시키고 싶으시다면 고객의 말에 귀를 기울여야 합니다.
(마무리) Sincerely, Shinji	신지

어휘 plant 심다　remove 제거하다, 없애다

모범 답안 & 번역

PART. 03 의견 기술하기

에세이 유형별 고득점 전략

1. 찬반형 |전략적용 문제| p.67

Do you agree or disagree with the following statement? **To be a good leader, a person must be able to make quick decisions.** Give reasons or examples to support your opinion.	다음 진술에 동의하는가 동의하지 않는가? **훌륭한 리더가 되려면 빠른 결정을 내릴 수 있어야 한다.** 당신의 의견을 뒷받침할 근거와 예시를 제시하라.

서론 (주장)	I agree that good leaders need to be able to make quick decisions. In business, you do not always have time to get advice or do a lot of research. This is important when there are problems and when clients make last minute requests.	훌륭한 리더는 빠른 결정을 내릴 수 있어야 한다는 데 동의한다. 비즈니스에서는 항상 조언을 구하거나 많은 조사를 할 시간이 있지는 않다. 이는 문제가 있거나 고객이 급한 요청을 할 때 중요하다.
본론 1 (이유 1 / 예시 1)	When problems happen, you usually have to make decisions quickly. For example, if a customer is unhappy, you need to think quickly to fix the situation. / When I was a manager at a restaurant, we had a lot of customers who were upset about the food or the service. Even though the food was good and the servers were all very nice, some people just did not like their experiences. I had to think quickly to make them happy. Sometimes I gave them free drinks or appetizers. Other times, I gave people coupons for their next visit. I did not have a lot of time to work through the problems. Other managers were not as good at making quick decisions and those customers ended up leaving bad reviews.	문제가 발생할 때는 대개 빠른 결정을 내려야 한다. 예를 들어, 고객이 불만족스러워한다면 상황을 해결하기 위해 빠르게 생각해야 한다. 내가 음식점 관리자로 일할 때 음식이나 서비스에 대해 언짢아하는 고객이 많았다. 음식이 맛있고 직원들 모두 굉장히 친절하다 해도 어떤 사람들은 경험에 대해 그냥 만족하지 못했다. 나는 그들을 기쁘게 하기 위해 빠르게 생각을 해내야 했다. 가끔 무료 음료나 애피타이저를 드렸고, 어떤 때는 다음 방문 시 쓸 쿠폰을 드리기도 했다. 나는 문제를 처리할 시간이 많지 않았다. 다른 매니저들은 빠른 결정을 잘 내리지 못했고 그런 고객들은 결국 나쁜 평을 남겼다.

본론 2 (이유 2 / 예시 2)	<u>Another reason why</u> good leaders have to be able to make quick decisions is that clients often make requests that <u>need to be addressed immediately</u>. / If the leader does not know <u>when to say yes</u> and <u>when to say no</u>, the team members may not be able to <u>complete assignments on time</u>. The leader may agree to something that cannot be done at all or at least cannot be done <u>when the client wants it to be done</u>. This can cause a lot of problems. Conversely, if a leader does not make a decision and respond quickly enough, <u>the company might miss an opportunity</u>.	훌륭한 리더가 빠른 결정을 내릴 수 있어야 하는 또 다른 이유는 고객이 종종 즉시 처리해야 할 요청을 하기 때문이다. 리더가 수락할 때와 거절할 때를 알지 못한다면 팀원들은 제때 임무를 완수할 수 없을지도 모른다. 리더는 전혀 할 수 없거나 또는 적어도 고객이 그 일이 행해지길 원할 때 할 수 없는 것에 동의할지도 모른다. 이는 많은 문제를 야기할 수 있다. 반대로 만약 리더가 결정을 내리지 못해 빨리 답할 수 없다면 회사는 기회를 놓칠지도 모른다.
결론 (재주장)	<u>For those reasons, I believe that</u> good leaders need to know <u>how to make quick decisions</u>. If your leader does not know how to do this, the team members and the company will <u>have a lot of problems</u>.	이러한 이유로 훌륭한 리더는 빠르게 결정하는 법을 알아야 한다고 생각한다. 당신의 리더가 이렇게 하는 방법을 알지 못한다면 팀원들과 회사는 많은 문제를 겪을 것이다.

어휘 make a decision 결정하다 advice 조언, 충고 do research 연구[조사]를 하다 client 고객 last minute 최후 순간의 request 요청 customer 고객, 소비자 fix 해결하다, 수리하다 upset 속상한, 마음이 상한 server 서버, 서빙하는 사람 appetizer 애피타이저, 전채 end up -ing 결국 ~하게 되다 review 비평, 후기 address 다루다, 처리하다 immediately 즉시 complete 완료하다, 끝마치다 assignment 임무, 과제 on time 제때에, 시간을 어기지 않고 conversely 정반대로, 역으로 respond 대답하다, 대응하다

2. 선호/선택형 |전략적용 문제| p.69

	Do you think it is better for an individual to have a role model who is a celebrity, or a role model who the individual knows personally? Why? Give reasons and examples to support your opinion.	한 개인에게 유명인을 역할모델로 삼는 것이 더 좋은가, 아니면 그 사람이 개인적으로 알고 지내는 사람을 역할모델로 삼는 것이 더 좋은가? 왜 그런가? 당신의 의견을 뒷받침할 근거와 예시를 제시하라.

서론 (주장)	I think it's better for people to have role models <u>who they know personally</u> because they can interact with them. By interacting with your role model, you will learn a lot about them and know <u>whether they are worthy of being a role model</u>. You will also be able to imitate their behavior, because you will know <u>how they behave in real life</u>. People also need to interact with their role models so that they can learn from them.	사람들이 개인적으로 아는 롤모델을 두는 편이 더 좋다고 생각한다. 상호작용을 할 수 있기 때문이다. 롤모델과 교류함으로써 그들에 대해 더 많이 알게 되며, 그들이 롤모델이 될 만한 자격이 있는지 여부를 알 수 있을 것이다. 또한, 그들이 실생활에서 어떻게 행동하는지 알게 되어 그 행동을 모방할 수 있을 것이다. 아울러 사람들은 롤모델로부터 배울 수 있도록 그들과 교류를 해야 한다.

모범 답안 & 해석

본론 1 (이유 1 / 예시 1)	A role model should be someone that you know a lot about. A celebrity may seem nice on camera but <u>not actually be a nice person</u>. You'll never know, unless you actually get to <u>interact with them regularly</u>. / I may <u>look up to a celebrity</u> like a musician because I want to become a musician in the future. But I will probably never meet, let alone get to know, a famous musician. It's difficult to <u>imitate the famous musician's behavior</u> if I don't see it. More importantly, it's difficult to know <u>whether I should be imitating</u> that person's behavior, since I don't know how that person actually behaves.	롤모델은 당신이 잘 알고 있는 사람이어야 한다. 유명인사는 카메라 앞에서 훌륭해 보일지 모르지만 실제로는 좋은 사람이 아닐 수도 있다. 그들과 실제로 정기적으로 교류하지 않고는 절대 알 수 없다. 나는 장래에 음악가가 되고 싶기 때문에 음악가 같은 명사를 존경할 수 있다. 하지만 유명한 음악가를 알게 되는 것은 고사하고 만나보지도 못할 수 있다. 볼 수 없다면 유명한 음악가의 행동을 따라 하는 것이 어려워진다. 더 중요한 사실은 그 사람의 행동을 모방해야 하는지 여부도 알 수 없다는 점이다. 그 사람이 실제로 어떻게 행동하는지 모르기 때문이다.
본론 2 (이유 2 / 예시 2)	Another reason that you should know your role model is that <u>you will learn more</u> from someone you know personally, because you can interact with them. / I may look up to a famous baseball player because he's a really good baseball player, but I think <u>it's more beneficial to look up to</u> my own baseball coach. My baseball coach is going to teach me more than just being successful. I'll learn other lessons like <u>how to work hard</u>, how to treat my teammates, and <u>how to handle failure</u>.	당신이 롤모델에 대해 알아야 하는 또 다른 이유는 개인적으로 아는 사람과는 교류가 가능하므로 그 사람에게 더 많이 배울 수 있기 때문이다. 유명한 야구 선수가 매우 훌륭한 선수라서 그를 존경할 수는 있겠지만 나 자신의 야구 코치를 존경하는 편이 더 유익하다고 생각한다. 나의 야구 코치는 그저 성공하는 것 이상으로 나를 가르쳐줄 것이다. 열심히 노력하는 법, 팀원들을 대하는 법, 실패에 대처하는 법 등과 같은 다른 교훈을 배우게 될 것이다.
결론 (재주장)	There are many reasons why it is better to know your role model. You will probably never <u>learn enough about celebrities to know</u> if they are good people in real life. Also, you will probably never know enough about celebrities to <u>be able to imitate their behavior</u>. Finally, you will learn more from a role model that you know personally <u>since you are spending more time with them</u>.	롤모델에 대해 알고 있는 편이 더 나은 이유는 많다. 명사들이 실제로 훌륭한 사람인지 여부는 잘 알 수 없을 것이다. 또한 명사들의 행동을 따라 할 수 있을지에 대해서도 충분히 알 수 없을 것이다. 마지막으로 당신은 개인적으로 아는 롤모델과 더 많은 시간을 보낼 것이므로 그들에게서 더 많은 것을 배운다.

어휘 role model 롤모델, 역할 모델 personally 개인적으로 interact with ~와 상호작용을 하다 be worthy of ~을 받을 만하다 imitate 모방하다 behave 행동하다 celebrity 유명 인사 regularly 정기적으로, 규칙적으로 look up to ~을 존경하다 musician 음악가 let alone ~은 고사하고 beneficial 유익한, 이로운 treat 대하다, 대우하다

3. 장단점 비교형 │전략적용 문제│ p.71

Some university programs require students to complete an internship before graduating. What are the advantages and disadvantages of having this requirement? Give reasons and examples to support your opinion.	일부 대학 프로그램에서는 학생들에게 졸업 전 인턴십을 마칠 것을 요구하고 있다. 이러한 요건의 장점과 단점은 무엇인가? 자신의 의견을 뒷받침할 근거나 사례를 제시하라.

서론 (주장)	Requiring students to <u>complete an internship before graduating</u> has several advantages and disadvantages. Since it's a requirement, the university <u>helps students get the internships</u>, which can be challenging to do by yourself. Also, this requirement will give students job experience while <u>they're still deciding what career they want</u>. However, internships take time away from classes and may make it <u>impossible for students to take classes at all</u>.	학생들에게 졸업 전 인턴십을 마치도록 요구하는 것에는 여러 가지 장점과 단점이 있다. 이것이 요건이 되면 대학교는 학생들이 인턴십을 받도록 도울 수 있는데 혼자 하기에는 어려울 수 있는 일이다. 또한 해당 요건은 학생들이 원하는 진로를 결정하는 동안 직무 경험을 가질 수 있도록 해준다. 그러나 인턴십을 하면 학생들이 수업 받을 시간을 뺏기고 수업을 전혀 받지 못할 수도 있다.
본론 1 (이유 1 / 예시 1)	First, <u>requiring students to complete an internship</u> is a good idea because it means that the university probably helps students find internships. / My friend went to a university that had this requirement, and he <u>got an internship</u> easily. Other friends went to schools that didn't have an office set up to help them find internships, and they were not able to <u>find internships on their own</u>.	첫째로, 학생들에게 인턴십을 완료하도록 요구하는 것은 좋은 생각이다. 대학이 학생들로 하여금 인턴십을 찾도록 돕는다는 의미이기 때문이다. 내 친구는 이러한 요건을 내건 대학교에 진학했고 쉽게 인턴십을 구했다. 다른 친구들은 인턴십을 찾는 데 도움이 될 사무처가 없는 학교에 진학했고 스스로 인턴십을 찾지 못했다.
본론 2 (이유 2 / 예시 2)	Another reason it is good to require students to complete an internship is that it <u>gives students job experience</u>. / A friend of mine <u>did an internship with a marketing firm</u> and realized that she did not really enjoy working in that field. Instead, she said she <u>would rather do sales</u>, since she likes working with the sales teams better. After this experience, she went to graduate school and <u>focused on sales, instead of marketing</u>.	학생들에게 인턴십을 마치도록 요구하는 것이 좋은 또 다른 이유는 인턴십이 학생들에게 직무 경험을 제공하기 때문이다. 내 친구는 마케팅 회사의 인턴십에 참여했다가 해당 분야에서 일하는 것이 그다지 즐겁지 않다는 사실을 깨달았다. 대신 친구는 차라리 영업을 하겠다고 말했다. 영업팀과 일하는 것이 더 즐겁기 때문이다. 이 경험 이후 친구는 대학원에 진학해 마케팅 대신 영업에 집중했다.
본론 3 (이유 3 / 예시 3)	There are also disadvantages to requiring internships. / Many internships <u>make interns work 9–5</u>, Monday–Friday. This means that students can <u>only take night classes</u>, but they may be <u>too tired to even do that</u>. Other internships may not take up as much time, but they still <u>pull students away</u> from their classes and their study time.	인턴십을 요구하는 것에는 단점도 있다. 많은 인턴십 프로그램에서 인턴들은 월~금요일 9시에서 5시까지 일한다. 이는 학생들이 야간 수업만 들을 수 있다는 뜻이다. 그러나 학생들은 너무 피곤해서 그것마저 할 수 없을 것이다. 다른 인턴십 프로그램은 시간이 그렇게 많이 안 들 지도 모르지만 여전히 학생들이 수업을 듣거나 공부를 할 수 없도록 한다.
결론 (재주장)	For the above reasons, I believe <u>there are both advantages and disadvantages</u> to requiring internships for university students. Perhaps universities can be very <u>selective about the companies and schools</u> that they include in their internship programs. Universities could also <u>limit the amount of time</u> that students spend interning.	위의 이유로 말미암아 대학생들에게 인턴십을 요구하는 것에는 장단점이 모두 존재한다고 생각한다. 아마 대학교들은 각자의 인턴십 프로그램에 포함시킬 기업과 학교에 대해 매우 선별적으로 임할 수 있다. 또한 대학교들은 학생들이 인턴십에 참여하며 보내는 시간을 제한할 수 있다.

어휘 complete 끝마치다, 완료하다 graduate 졸업하다 advantage 장점, 이점 disadvantage 단점 requirement 요구, 요건
challenging 도전적인 career 직업, 경력 on one's own 스스로, 직접 marketing firm 마케팅 회사 field 분야
focus on ~에 초점을 맞추다, ~에 집중하다 take up (시간을) 차지하다 selective 선별적인, 선택적인 limit 제한하다

빈출 주제별 필수 표현

① 회사 업무·복지·직업 윤리 | 전략적용 문제 | **p.73**

Do you agree or disagree with the following statement? **The best way to motivate employees is to tell them how good their work is.** Give reasons or examples to support your opinion.	다음 진술에 동의하는가 동의하지 않는가? **직원들에게 동기를 부여하는 최선의 방법은 그들의 업무가 얼마나 훌륭한지 말하는 것이다.** 당신의 의견을 뒷받침할 근거와 예시를 제시하라.

서론 (주장)	I disagree that the best way to motivate employees is to tell them how good their work is. While it is nice to receive praise, it is better to get financial rewards. Financial rewards last longer than compliments. Also, financial rewards give employees something specific to work towards. Finally, financial rewards help make employees' lives a little bit easier. Compliments do not really do that.	직원에게 동기를 부여하는 최선의 방법이 그들의 업무를 칭찬하는 것이라는 데 동의하지 않는다. 칭찬을 받는 것은 좋지만 경제적인 보상을 받는 편이 더 낫다. 경제적 보상은 칭찬보다 오래 간다. 또한 경제적 보상은 직원들에게 지향할 구체적인 무언가를 제시한다. 마지막으로 경제적 보상은 직원들의 생활이 좀 더 안락해지도록 돕는다. 칭찬은 그렇게 하지 못한다.
본론 1 (이유 1 / 예시 1)	First, financial rewards last much longer than praise. / I like hearing that I've done a good job, and it may make my day a little happier. However, the compliment is not likely to make me feel any different the next day. On the other hand, a financial reward like a gift card or a bonus can be used over several days, weeks, or even years.	첫째로, 경제적 보상은 칭찬보다 오래 지속된다. 일을 잘 했다는 말을 듣는 것을 좋아하는데, 이는 나의 하루를 조금 더 기쁘게 만들 것이다. 하지만 칭찬은 다음날 기분이 달라지도록 해주지는 못할 것이다. 반면 상품권이나 보너스 같은 경제적 보상은 수일, 수주, 수년 동안 이용될 수 있다.
본론 2 (이유 2 / 예시 2)	Second, financial rewards give people something to work towards. / A compliment is not very specific, and so it is not really something I would work towards. However, a 10% bonus for selling the most product is something specific that I can work towards. I know how I'm being measured and I know how much of a reward I am going to get.	둘째로, 경제적 보상은 사람들에게 지향점을 준다. 칭찬은 아주 구체적이지는 않아서, 지향할 무엇인가는 될 수 없다. 그러나 최다 판매에 대한 10% 보너스는 업무 시 지향할 수 있는 구체적인 것이다. 나 자신이 어떻게 평가받고 있는지, 얼마나 많은 보상을 받게 될지 알 수 있다.
본론 3 (이유 3 / 예시 3)	Lastly, financial rewards make employees' lives easier, while compliments don't usually do that. While a positive work environment does make your workday easier, it doesn't do much for your family life. / I may be in a better mood at work because people are always telling me nice things. But that won't help pay my rent. A bonus can be used to pay bills or buy groceries.	마지막으로, 경제적 보상은 직원들의 삶을 좀 더 안락하게 만드는 반면 칭찬은 대개 그렇지 못하다. 긍정적인 업무 환경은 근무를 더 편안하게 하지만, 가정생활에는 큰 기여를 하지 못한다. 사람들이 나에게 늘 좋은 얘기를 해주면 직장에서 기분이 더 좋을 것이다. 하지만 내가 집세를 내는 데는 도움이 안 된다. 보너스는 공과금을 내거나 식료품을 사는 데 쓸 수 있다.

| 결론
(재주장) | In conclusion, I disagree that the best way to motivate employees is to tell them how good their work is. I would rather be given a financial reward. Financial rewards last longer and give you something specific to work towards. Financial rewards also help make your overall life easier. | 결론적으로, 직원들에게 동기 부여를 할 최선의 방법이 업무에 관한 칭찬이라는 데 동의할 수 없다. 오히려 경제적 보상을 받는 편이 낫다. 경제적 보상은 더 오래 지속되며 업무 시 지향할 구체적인 무언가를 제시한다. 또한 경제적 보상은 당신의 삶 전반을 더욱 안락하게 만드는 데 도움을 준다. |

어휘 motivate 동기를 부여하다　employee 직원　praise 칭찬　financial 경제적인, 재정적인　reward 보상(금)　last 지속되다
compliment 칭찬　specific 구체적인　finally 마지막으로　on the other hand 다른 한편으로는, 반면에　gift card 상품권
specific 구체적인　product 제품　measure 평가하다　positive 긍정적인　work environment 업무 환경　workday 근무일
mood 기분　rent 집세, 임차료　bill 고지서, 청구서　groceries 식료품류　in conclusion 결론적으로　overall 전반적인, 전체의

② 교육 | 전략적용 문제 | p.75

| Do you think it is important for high school students to take a class on public speaking? Why or why not? Give reasons and examples to support your opinion. | 고등학교 학생들이 대중 연설에 관한 수업을 수강하는 것이 중요하다고 생각하는가? 왜 그런가 혹은 왜 그렇지 않은가? 당신의 의견을 뒷받침할 근거와 예시를 제시하라. |

| 서론
(주장) | I believe that students should take a public speaking class in high school. They would not only learn how to successfully give presentations in front of large groups of people, but they would also become more comfortable speaking to people in general. Public speaking skills could also boost a student's self-confidence. | 학생들이 고등학교에서 발표 수업을 받아야 한다고 생각한다. 학생들은 많은 사람들 앞에서 성공적으로 발표를 하는 법을 배울 뿐 아니라 전반적으로 사람들에게 이야기하는 것이 더 편안해질 것이다. 또한 발표 능력은 학생의 자신감을 신장시킬 수도 있다. |
| 본론 1
(이유 1
/
예시 1) | Learning how to successfully present in front of large groups of people will be beneficial to students who continue on to college. / If students want to succeed in their college classes, they should be able to give a good presentation. Learning how to make eye contact and how to avoid reading off written materials is important. | 많은 사람들 앞에서 성공적으로 발표하는 법을 배우는 것은 대학에 진학하는 학생들에게 유익할 것이다. 학생들이 대학 수업에서 성공을 거두고자 한다면 발표를 잘할 수 있어야 한다. 시선을 마주치는 법, 써 놓은 자료 줄줄 읽기를 피하는 방법을 배우는 일은 중요하다. |

본론 2 (이유 2 / 예시 2)	Public speaking courses will also prepare students <u>for their future careers</u>. They should know <u>how to give an informative presentation</u> because they may end up working in an environment where they need to give lots of presentations. / Some students may end up <u>working as teachers</u> and will be speaking to groups of people the entire day. In order to be a good teacher, individuals should be able to <u>clearly explain concepts to their students</u>. This requires good public speaking skills. In the business world, employees <u>are expected to be able to give presentations</u>, even if they do not have to do it all the time.	아울러 발표 수업은 학생들이 향후 진로를 대비할 수 있도록 해준다. 발표를 많이 해야 하는 업무 환경에 처하게 될 수 있으므로 유익한 정보를 전달하는 발표 방법을 알아야 한다. 어떤 학생들은 교사로 일하게 되어 하루 종일 사람들에게 이야기해야 할 것이다. 좋은 교사가 되기 위해서는 학생들에게 명확하게 개념을 설명할 수 있어야 한다. 여기에는 훌륭한 발표 능력이 필요하다. 업계에서는 항상 해야 하는 것은 아니더라도 직원들이 발표를 할 수 있을 것으로 기대한다.
본론 3 (이유 3 / 예시 3)	Finally, people who <u>are comfortable with public speaking</u> will eventually become comfortable speaking to people in general. / Some people find it just as difficult to <u>speak to one or two people</u> as it is to speak to 20 or 100 people. Public speaking courses help teach students to <u>deal with nervousness and shyness</u>. The more they practice, <u>the more confident they feel</u> talking to people. Therefore, public speaking courses can help <u>give students more self-confidence</u> since they can talk to people without feeling shy.	마지막으로, 발표를 편안하게 여기는 사람들은 결국 전반적으로 사람들에게 이야기하는 것에 편안함을 느끼게 된다. 일부는 20명이나 100명에게 이야기하는 것만큼이나 한두 명에게 이야기하는 것도 어렵게 생각한다. 발표 수업은 학생들이 긴장과 수줍음을 해결하도록 지도하는 데 도움을 준다. 더 많이 연습할수록, 사람들에게 이야기하는 데 있어 더욱 자신감을 느낀다. 그러므로 발표 수업은 학생들에게 더 큰 자신감을 주는 데 일조한다. 수줍음을 느끼지 않고 사람들에게 이야기할 수 있기 때문이다.
결론 (재주장)	I think high school students would <u>benefit from</u> public speaking courses. They could help students in <u>college and their careers</u>. They can also help <u>build the students' confidence</u> and their ability to talk to people without being <u>nervous or shy</u>.	고등학생들은 발표 수업에서 이익을 얻을 수 있다고 생각한다. 대학 생활과 진로에도 도움이 될 수 있다. 또한 학생들의 자신감, 그리고 긴장감이나 수줍음 없이 사람들에게 말할 수 있는 능력을 갖추는 데 도움을 줄 것이다.

어휘 give a presentation 발표하다 in front of ~ 앞에서 in general 전반적으로, 대개 skill 능력 boost 신장시키다
self-confidence 자신감 present 발표하다 beneficial 유익한 make eye contact 시선을 맞추다 read off 줄줄 읽다
material 자료, 재료 prepare 준비하다 informative 정보를 주는 end up -ing 결국 ~하게 되다 in order to ~하기 위해
individual 개인 concept 개념 all the time 내내, 줄곧 eventually 결국 deal with ~을 다루다 nervousness 긴장
confident 자신감 있는 benefit from ~로부터 이익을 얻다 career 직업, 경력, 이력

Many governments fund programs that help protect the environment. In your opinion, is this a good use of government funds? Why or why not? Give reasons and examples to support your opinion.	많은 정부에서 환경 보호를 돕는 프로그램에 자금을 지원한다. 당신의 생각에 이것은 정부 지금을 잘 사용하는 것인가? 왜 그런가 혹은 왜 그렇지 않은가? 당신의 의견을 뒷받침할 근거와 예시를 제시하라.

서론 (주장)	I believe that funding programs that help protect the environment is a good use of government funds. Protecting the environment is an issue that affects everyone, so everyone would benefit. Also, funding programs that protect the environment will raise awareness about problems, which can encourage people to live more greenly.	환경 보호를 돕는 자금 지원 프로그램은 정부 기금을 잘 활용하는 것이라고 생각한다. 환경 보호는 모두에게 영향을 줄 수 있는 문제다. 따라서 모두가 이익을 누릴 것이다. 또한 환경 보호 자금 지원 프로그램은 문제에 대한 인식을 제고해 사람들이 더욱 친환경적으로 생활하도록 장려할 수 있다.
본론 1 (이유 1 / 예시 1)	Since we all live on Earth, we are all affected when there are environmental problems. / I live in a city, so I am directly affected by the pollution from cars, busses, and buildings. If the government funded a program to reduce pollution, it would benefit me and everyone else living in the city. This kind of program would also benefit people who live in the suburbs surrounding the city, since their air is affected by the pollution from the city. Improving air quality in one place does help all of us, but it might not be obvious. A more obvious example would be programs helping to remove pollution from oceans and rivers. Reduced air pollution in a city may not seem helpful to people who live hours away from the city, but pollution in water is easy to see. Trash can flow far from the city and end up in a small stream or in a large ocean. Chemicals can pollute water very far from the factory using the chemicals, and they can eventually end up in your drinking water. For these reasons, a program reducing water pollution would help everyone.	우리 모두는 지구에 살기 때문에 환경 문제가 발생하면 모두 영향을 받는다. 나는 도시에 거주해서 자동차, 버스, 건물에서 나오는 오염물질에 직접적으로 영향을 받는다. 정부가 공해를 줄이는 프로그램에 기금을 댄다면 나와 다른 모든 도시 거주자들에게 유익할 것이다. 이런 종류의 프로그램은 도시 외곽에 사는 사람들에게도 유익하다. 그들의 공기는 도시의 오염물질에 영향을 받기 때문이다. 한 장소의 대기 질 개선은 우리 모두를 돕지만 뚜렷하지 않을 수 있다. 더 뚜렷한 예는 바다와 강의 오염물질 제거를 돕는 프로그램이 될 것이다. 도시의 대기 오염물질 감소는 도시에서 몇 시간 떨어진 곳에 거주하는 사람들에게 유익하지 않은 것처럼 보일 수 있지만 수질 오염은 쉽게 확인할 수 있다. 쓰레기는 도시로부터 먼 곳까지 흘러가 작은 개울이나 넓은 바다에 이를 수 있다. 화학물질은 화학물질을 사용하는 공장에서 아주 멀리 떨어진 바다를 오염시킬 수 있고, 결국 당신의 식수에까지 (영향을) 미칠 수 있다. 이러한 이유로 수질 오염 줄이기 프로그램은 모두를 도울 것이다.

본론 2 (이유 2 / 예시 2)	In addition, governments' funding programs like this also encourages residents to <u>think and care more about the environment</u>. / For example, something as small as providing recycling bins for every home would <u>encourage residents to recycle</u>. This would show them that <u>it is possible to make a difference</u> even with small lifestyle changes. Programs can also make the public <u>aware of problems</u> that seem distant from their daily lives <u>such as habitat destruction</u>. Even though we may not see habitats being destroyed, a program aimed at <u>planting trees for birds to live in</u> would raise our awareness about this problem. <u>Government money could go</u> towards commercials or towards community clean-up opportunities. This would make the citizens feel like <u>their tax money was being used appropriately</u> since they would see the programs' successes.	게다가, 이러한 정부의 자금 지원 프로그램은 주민들이 환경에 대해 더 생각하고 보호하도록 장려할 수 있다. 예를 들어 모든 가정에 재활용품 통을 제공하는 것처럼 작은 일이 주민들로 하여금 재활용을 하도록 할 수 있다. 이는 사람들에게 작은 생활습관 변화로 차이를 만들어낼 수 있음을 알려줄 것이다. 또한 프로그램은 서식지 파괴와 같이 일상과 동떨어져 보이는 문제들을 대중이 인식할 수 있게 해준다. 서식지가 파괴되고 있는 모습은 볼 수 없지만 새들이 살아갈 나무 심기를 목표로 하는 프로그램은 이 문제에 대한 인식을 제고할 것이다. 정부 기금은 광고 또는 지역사회 정화 기회 등에 쓰일 수 있다. 시민들은 프로그램의 성공을 보며 자신들의 세금이 적절히 쓰이고 있다는 생각을 할 것이다.
결론 (재주장)	By <u>funding environmental protection programs</u>, the government would be helping its citizens as well as increasing awareness about problems. For these reasons, I believe that <u>funding such programs</u> is a good idea.	정부는 환경 보호 프로그램에 자금을 지원함으로써 문제에 대한 인식을 고취할 뿐 아니라 시민들을 돕는다. 이러한 이유로 해당 프로그램에 자금을 지원하는 것은 좋은 생각이라고 확신한다.

어휘 fund 자금, 기금; 자금[기금]을 대다 **affect** 영향을 미치다 **benefit** 이득을 얻다 **raise awareness** 의식을 높이다 **directly** 직접적으로 **pollution** 오염 **reduce** 줄이다 **suburbs** (도심지를 벗어난) 교외 **surrounding** 인근의, 주위의 **quality** 질, 품질 **obvious** 뚜렷한, 분명한 **remove** 제거하다, 없애다 **reduced** 감소한, 줄인 **trash** 쓰레기 **flow** 흐르다 **stream** 개울, 시내 **chemical** 화학물질 **pollute** 오염시키다 **factory** 공장 **eventually** 결국 **resident** 주민, 거주자 **recycling bin** 재활용품 통, 재활용품 분리수거함 **recycle** 재활용하다 **aware of** ~을 깨달은 **distant from** ~와 동떨어진 **habitat** 서식지 **destruction** 파괴 **aimed at** ~을 목표로 한 **plant** 심다 **commercial** 광고 **community** 지역사회 **appropriately** 적절하게, 알맞게

PART.03 ACTUAL TEST p.78

8.

In your opinion, which is more beneficial for children: playing sports or studying a foreign language? Use specific reasons and examples to support your opinion.	당신의 의견으로는 스포츠 활동 하기 또는 외국어 공부하기 중 어느 것이 어린이들에게 더 유익한가? 당신의 의견을 뒷받침할 구체적인 근거와 예시를 활용하라.

1

서론 (주장)	I think playing sports is more beneficial. Children need a break from studying, and sports can help give them a break. Also sports teach many important skills, like teamwork.	운동을 하는 것이 더 유익하다고 생각한다. 아이들은 공부에서 벗어나 휴식을 취해야 하는데 운동은 아이들에게 휴식을 주는 데 일조한다. 또한 운동은 팀워크처럼 중요한 기량을 많이 가르쳐준다.
본론 1 (이유 1 / 예시 1)	First, children spend a lot of time in school, so they should have some time to have fun and relax. Life is not just about studying, and like everybody, children deserve to enjoy their lives. Sports involve exercise and interacting with others, which most children find enjoyable. Also, break times actually make it easier for them to study in the long run. / When I play sports, it helps me clear my head, and then I can focus when it's time for me to work again. Playing sports also reduces stress, so when I start my work again, I feel more relaxed. If I didn't play sports, I would probably burn out in just a few months. While studying a foreign language does give you opportunities to socialize, it is still a form of studying. Therefore, it does not give you a break the way that playing sports does.	첫째, 아이들은 많은 시간을 학교에서 보낸다. 그래서 즐기고 느긋하게 쉴 수 있는 시간을 가져야 한다. 인생은 학업에 관한 것만은 아니다. 모두가 그렇듯이 아이들도 자기 삶을 즐길 자격이 있다. 운동에는 신체 활동뿐 아니라 다른 사람들과의 교류 활동도 수반되는데, 이것은 아이들이 가장 즐거워하는 부분이다. 또한, 쉬는 시간들이 사실 장기적으로는 아이들이 학습하는 것을 용이하게 해준다. 나는 운동을 할 때 머리가 맑아져서 다시 일할 때 집중할 수 있다. 운동하는 것은 스트레스도 줄여준다. 그래서 다시 일을 시작할 때 더욱 편안한 기분이 든다. 내가 운동을 하지 않았다면, 아마도 불과 몇 달 안에 기력이 소진되었을 것이다. 외국어를 공부하는 것이 사람들과 교제할 수 있는 기회를 주는 반면, 그것은 여전히 일종의 공부이다. 따라서 운동처럼 휴식을 제공하지는 않는다.
본론 2 (이유 2 / 예시 2)	Sports also teach important skills like teamwork and time management. Most sports are team sports, and when children play them, they learn how to work well on a team. / They practice leadership, compromising, and using their skills to support others. These are all really valuable skills for school and work, too. Through sports, children also learn how to budget their time so that they can practice and get their schoolwork done. Being able to balance different commitments like this will come in handy in many situations. Studying a foreign language doesn't give any special advantages in these areas.	또한 운동은 팀워크와 시간 관리 같은 중요한 기량을 가르쳐준다. 대부분의 운동은 팀을 구성하여 하는 운동으로 아이들이 운동을 할 때 한 팀으로 잘 해내는 법을 배우게 된다. 지도력, 타협하는 것, 자신의 기술로 다른 아이들을 지원하는 것을 연습하게 된다. 이것들은 모두 학교나 직장에서도 정말 가치 있는 기술들이다. 운동을 통해, 아이들은 또한 시간 계획을 세우는 법을 배워서 연습하고 학업을 완수할 수 있게 된다. 이처럼 서로 다른 책무들 간에 균형을 유지할 수 있게 되는 것이 여러 상황에서 용이해질 것이다. 외국어 공부는 이런 영역에서 어떤 특별한 이점도 제공하지 않는다.

모범 답안 & 번역

결론 (재주장)	For these reasons, I believe that sports are more beneficial than studying a foreign language. Sports help give students a break and teach them a lot of important things.	이러한 이유로 운동이 외국어 공부보다 더 유익하다고 확신한다. 운동은 학생들에게 휴식을 주고 그들에게 중요한 것들을 많이 가르쳐준다.

어휘 beneficial 유익한, 이로운 break 휴식 (시간) relax 휴식을 취하다, (느긋하게) 쉬다 deserve ~할 자격이 있다, ~을 받을 만하다 interact with ~와 상호작용을 하다 enjoyable 즐거운 in the long run 결국에는 clear one's head 머리를 식히다 reduce 줄이다 burn out 기력을 소진하다 socialize (사람들과) 어울리다 skill 기술, 능력 time management 시간 관리 compromise 타협하다 valuable 소중한 budget 분배하다, 계획을 세우다 schoolwork 학업 balance 균형을 유지하다 commitment 책무, 의무 come in handy 쓸모가 있다, 도움이 되다 advantage 이점, 장점

2

서론 (주장)	While both activities are important, I think it is more beneficial for children to study a foreign language. Studying a foreign language will help kids socially and professionally, while sports just help kids socially.	두 가지 활동 모두 중요하지만 아이들이 외국어 공부를 하는 것이 더 유익하다고 생각한다. 운동이 아이들을 사회적으로 도와주는 반면, 외국어 공부는 아이들을 사회적 그리고 직업적으로 도와줄 것이다.
본론 1 (이유 1 / 예시 1)	First, studying a foreign language will help kids socially, because they can communicate with more people. / If children can speak multiple languages, then they can make friends with more people. If they only speak one language, it will be harder for them to make friends with kids who speak different languages. They'll also learn about other cultures, which will also make it easier for them to understand and make friends with all different types of people. Playing sports can also help kids develop social skills, but some kids are not very good at sports. For these kids, the social benefits of sports will not last very long, since sports become more competitive as kids get older.	첫째, 외국어 공부는 아이들을 사회적으로 도울 것이다. 더 많은 사람들과 의사소통할 수 있기 때문이다. 아이들이 여러 개의 언어를 말할 수 있다면 더 많은 사람들과 사귈 수 있다. 한 가지 언어만을 말한다면 다양한 언어를 구사하는 아이들과 사귀는 것이 더 어려울 것이다. 또한 아이들은 다른 문화에 대해 배우는데, 이렇게 하면 온갖 다른 종류의 사람들을 이해하고 사귀는 것도 더 쉬워질 것이다. 운동을 하는 것도 아이들이 사회적 기술을 배우는 데 도움이 될 수 있다. 그러나 일부 아이들은 운동에 그리 능하지 않다. 이러한 아이들에게 운동의 사회적 이점은 그리 오래 지속되지 못할 것이다. 아이들이 나이를 먹을수록 운동은 경쟁이 심해지기 때문이다.
본론 2 (이유 2 / 예시 2)	Another reason studying a foreign language is more beneficial is that it will help children learn the language fluently, and eventually knowing the language will help them professionally. / Many large companies have offices all over the world, and those companies like to hire employees that can speak different languages. Even if a company doesn't have an office in a particular country, it may do business with people in that country. For example, my company does not have an office in France, but they sell clothing to stores in France, so they need employees who speak French. In contrast, there are very few situations in which being able to play sports helps people succeed professionally.	외국어 학습이 더 유익한 또 다른 이유는 아이들이 언어를 유창하게 배울 수 있도록 돕는다는 것이다. 그리고 결국 언어를 안다는 것은 그들을 직업적으로 돕는다. 많은 대기업들은 전 세계에 지사가 있고 이러한 회사들은 여러 언어를 구사하는 직원을 고용하고 싶어한다. 어떤 회사가 특정 국가에 지사를 갖고 있지 않더라도 그 나라 사람들과는 거래를 한다. 예를 들어 우리 회사는 프랑스에 지사가 없지만 프랑스 매장에 옷을 판매하고, 그래서 프랑스어를 구사하는 직원이 필요하다. 그에 반해, 운동을 할 수 있다는 것이 사람들을 직업적으로 성공하는 데 도움이 되는 상황은 거의 없다.

결론 (재주장)	Some people may believe that it is more important for children to play sports, but I think they benefit more from studying a foreign language. Studying a foreign language will help them socially and professionally, but sports are really just for socializing.	어떤 사람들은 아이들이 운동을 하는 것이 더 중요하다고 생각하지만, 나는 외국어 학습에서 더 많은 이점을 얻을 수 있다고 본다. 외국어 학습은 아이들을 사회적, 직업적으로 도와줄 것이지만 운동은 사회화에만 해당된다.

어휘 beneficial 유익한, 이로운 socially 사회적으로 professionally 직업적으로 communicate 의사소통하다 multiple 다수의 make friends with ~와 친구가 되다 benefit 이점 last 지속되다, 계속되다 competitive 경쟁적인 fluently 유창하게 eventually 결국 hire 고용하다, 채용하다 employee 직원, 고용인 particular 특정한, 특별한 in contrast 그에 반해서 benefit from ~로부터 이익[이점]을 얻다 socialize 사회화시키다, 사회화하다

모범 답안 & 번역

1.

hold / book
(손으로) 잡다, 들다 / 책

1 They **hold** the **book**.
그들은 책을 들고 있다.

2 The women are **holding** a **book**.
여자들이 책을 들고 있다.

2.

many / customer
많은 / 손님

1 The store has **many customers**.
그 상점은 손님이 많다.

2 **Many customers** are shopping.
많은 손님들이 쇼핑하고 있다.

3.

cup / on top of
컵 / ~ 위에

1 Some **cups** are **on top of** each other.
컵 몇 개가 층층이 쌓여 있다.

2 There are four **cups on top of** plates.
접시 위에 컵 네 개가 있다.

4.

clean / because
닦다 / ~하기 때문에

1 He is **cleaning** the window **because** it has a spot.
그는 유리창에 얼룩이 있기 때문에 닦고 있다.

2 The man **cleans** his car **because** it is dirty.
남자는 자신의 차가 더럽기 때문에 닦는다.

5.

wait / until
기다리다 / ~할 때까지

1 The woman has to **wait until** the agent is ready.
여자는 직원이 준비될 때까지 기다려야 한다.

2 The woman **waits until** the agent can help her.
여자는 직원이 자신을 도울 수 있을 때까지 기다린다.

핵심 단어 & 뜻 해설

6.

From:	Michael Dunn, HR Director	발신: 마이클 던, 인사관리자
To:	Mariko Yoshida	수신: 마리코 요시다
Subject:	Application for tuition assistance	제목: 교육비 지원 신청
Sent:	September 26, 10:51 A.M.	보낸 날짜: 9월 26일 오전 10시 51분

Ms. Yoshida,

요시다 씨,

Thank you for your interest in our company's program that helps employees pay for educational expenses. Please provide information about the course you wish to take and how it relates to your job and professional development. Let me know if you have any further questions about the program.

직원들의 교육비 납입을 지원하는 회사 프로그램에 관심을 가져주셔서 감사합니다. 듣고자 하는 강좌 및 해당 강좌가 요시다 씨의 업무 및 전문성 개발에 어떻게 연관되는지에 관한 정보를 알려주시기 바랍니다. 프로그램에 대한 추가 질문이 있으시면 알려주세요.

Michael Dunn

마이클 던

Directions: Respond to the e-mail. In your e-mail, give TWO pieces of information and ask ONE question.

지시사항: 이메일에 회신하세요. 당신의 이메일에서 두 가지 정보를 제시하고 한 가지 질문을 하세요.

어휘 HR Director 인사관리자 application 신청, 지원 tuition 수업(료), 교육(비) assistance 지원, 도움 employee 직원 expense 비용, 돈 relate 관련시키다

(도입부) Hello, Mr. Dunn,	안녕하세요, 던 씨.
(용건) (정보 1) I would like to take a course on social media marketing. (정보 2) I believe it will help me improve our social media sites so that we get more sales. (질문) Will the program cover all of the tuition or just part of it?	저는 소셜 미디어 마케팅 강의를 듣고 싶습니다. 저희 소셜 미디어 사이트를 개선하는 데 도움이 되어 판매량이 더 늘 거라고 확신합니다. 해당 프로그램은 교육비 전액을 지원하나요, 아니면 일부만 지원하나요?
(마무리) Thank you. Mariko Yoshida	감사합니다. 마리코 요시다

어휘 take a course 강의를 듣다, 강습을 받다 improve 향상시키다, 개선하다 cover (비용을) 충당하다 tuition 수업료

②

(도입부) Hi,	안녕하세요.
(용건) (정보 1) I would like to take a course on leadership because I have been promoted to a management position. I want to improve my leadership skills so that my team is successful. (정보 2) I may want to take more classes after this one. (질문) How many classes am I allowed to take?	제가 관리직으로 승진을 해서 리더십 강의를 듣고 싶은데요. 저의 리더십 역량을 향상시켜 저희 팀이 성공을 거뒀으면 합니다. 이 강의 후에 강의를 더 들을지도 모릅니다. 몇 개의 수업까지 들을 수 있도록 허용되나요?
(마무리) Thanks! Mariko Yoshida	감사합니다! 마리코 요시다

어휘 promote 승진시키다 management position 관리직

7.

From: Bernardo Cruz To: Greenline Taxi Service Subject: My wallet Sent: November 19, 11:22 A.M. Thanks for your phone message telling me that my wallet was found in one of your taxis this morning. You said I can come get it at your main office. Please tell me where this office is located and what I need to do to claim my wallet.	발신: 버나도 크루즈 수신: 그린라인 택시 서비스 제목: 지갑 보낸 날짜: 11월 19일 오전 11시 22분 오늘 아침 귀사의 택시 중 한 대에서 제 지갑이 발견됐다는 전화 메시지를 주셔서 감사합니다. 본사로 와서 가져가라고 하셨는데요. 사무실이 어디에 있는지, 지갑을 찾으려면 어떻게 해야 하는지 알려주십시오.
Directions: Respond to the e-mail as if you work for Greenline Taxi Service. In your e-mail, give TWO pieces of information and ONE instruction.	**지시사항:** 당신이 그린라인 택시 서비스 직원인 것처럼 이메일에 회신하세요. 당신의 이메일에서 두 가지 정보와 한 가지 지침을 제시하세요.

어휘 wallet 지갑 main office 본사, 본점 locate 위치시키다 claim 주장하다, 요구하다

1

(도입부) Hi,	안녕하세요.
(용건) (정보 1) The main office is located on the third floor of the Weavler Building. It is easy to get to from the bus station. (정보 2) You must tell the front desk to call extension 63 in order to enter the building. (지침) You should bring a passport or some other identification with you.	본사는 위블러 빌딩 3층에 있습니다. 버스 정류장에서 찾아오기 쉬워요. 건물에 들어가기 위해서는 안내데스크에서 내선번호 63번으로 전화해 달라고 말씀하셔야 합니다. 여권이나 기타 신분증을 지참해야 합니다.
(마무리) Thank you, Greenline Taxi Service	감사합니다. 그린라인 택시 서비스

어휘 floor 층 bus station 버스 정류장 front desk 안내 데스크 extension 내선번호 passport 여권 identification 신분증

2

(도입부) Hello,	안녕하세요.
(용건) (정보 1) Our main office is located on Green St. next to the grocery store. (정보 2) Take the elevator to the second floor and follow signs for office 12A. (지침) You will need to provide us with a description of the wallet and anything in it so that we can make sure you are the right owner.	저희 본사는 그린스트리트 식료품점 옆에 있습니다. 엘리베이터를 타고 2층으로 올라오셔서 12A 사무실 표지판을 따라오십시오. 지갑과 지갑 안에 있는 소지품에 대해 설명하셔서 귀하가 주인이 맞는지 저희가 확인할 수 있도록 해주십시오.
(마무리) Sincerely, Greenline Taxi Service	그린라인 택시 서비스

어휘 grocery store 식료품점 take the elevator 엘리베이터를 타다 sign 표지판, 게시판 description 설명, 서술 owner 주인

8.

	Some people work for the same company for their entire career. What do you think are the advantages and disadvantages of staying at one company? Give reasons and examples to support your opinion.	어떤 사람들은 전체 업무 경력 동안 같은 회사에서 근무한다. 한 회사에 계속 머물러 있는 것의 장점과 단점은 뭐라고 생각하는가? 당신의 의견을 뒷받침할 근거와 예시를 제시하라.

1

서론 (주장)	Staying at one company has many advantages and disadvantages. The biggest advantages are the ability to live in one place and to become close friends with the people you work with. The biggest disadvantage is lack of change, which can cause boredom.	한 회사에서 계속 일하는 것에는 많은 장단점이 있다. 가장 큰 장점은 한 곳에서 거주할 수 있고, 함께 일하는 사람들과 친한 친구가 될 수 있다는 것이다. 가장 큰 단점은 변화가 없다는 것인데 이로 인해 지루해질 수 있다.
본론 1 (이유 1 / 예시 1)	If you choose to stay at the same company for your entire career, you probably will not have to move. / You can buy a house and live in it for most of your life. Since you won't move, you can renovate your house and design it to look however you want. It won't be a waste of time and money because you'll be living there for a long time. It also means that your kids will not have to change schools because you have to move for a new job.	평생 한 회사에 머무르기로 선택했다면, 아마 이사를 할 필요가 없을 것이다. 집을 사고 생의 대부분을 거기서 살 수 있다. 이사하지 않을 것이므로 집을 개조하고 원하는 모습으로 디자인할 수 있다. 오랫동안 거기 살게 되니 시간과 돈 낭비는 아닐 것이다. 또한 당신이 새 직업을 구해 이사할 필요가 없으니 당신의 아이들은 전학을 가지 않아도 될 것이다.
본론 2 (이유 2 / 예시 2)	Another advantage is that you can become good friends with the people you work with. / I have many friends at work, so I enjoy working at this company more than I enjoyed my first job. I was not friends with my coworkers at my first job, because most people worked there for a short time and then either quit or got promoted. I hated going to work because I didn't really know the people that I was working with. When I got my new job, I started making friends and I now love Mondays. I know that if I stay at this company, I will become even better friends with my coworkers. However, if I go to a new company, I will have to start over and make new friends.	또 다른 장점은 함께 일하는 사람들과 좋은 친구가 될 수 있다는 점이다. 나는 직장에 많은 친구들이 있어서 첫 번째 직장보다 이 직장에서 더 즐겁게 일하고 있다. 첫 번째 직장에서는 동료들과 친구 관계가 아니었다. 사람들 대부분이 단기간 동안 일하고 나서 일을 그만두거나 승진이 됐기 때문이다. 함께 일하는 사람들을 잘 몰랐기 때문에 일하러 가기가 무척 싫었다. 새 직장을 구했을 때 나는 친구를 사귀기 시작했고 지금은 월요일이 좋다. 이 회사에 계속 다닌다면 동료들과 더 좋은 친구가 될 것임을 안다. 그러나 새 직장으로 간다면 처음부터 다시 시작해 새로운 친구들을 사귀어야 할 것이다.
본론 3 (이유 3 / 예시 3)	There is also a disadvantage to working for the same company for your entire career. / If you get bored easily and you have to stay in the same place with the same people, you may start to hate your job. This is especially true if you work at a small company that doesn't have offices in other places and doesn't have many employees.	평생 한 회사에서 일하는 데는 단점도 있다. 쉽게 지루함을 느끼는데 똑같은 사람들과 같은 장소에 머물러야 한다면 직장을 싫어하기 시작할지도 모른다. 다른 지역에 사무실이 없고 직원이 많지 않은 소규모 회사에서 일할 경우 더욱 그렇다.

모범 답안 & 번역

결론 (재주장)	As you can see, there are advantages and disadvantages to working for the same company for your entire career. I believe the advantages outweigh the disadvantages, but people who like change would probably not want to stay at the same place for their whole career.	이처럼 평생 한 회사에서 일한다는 것에는 장단점이 존재한다. 장점이 단점보다 더 크다고 생각하지만 변화를 좋아하는 사람들은 평생 한 곳에 머무르고 싶지 않을 것이다.

어휘 advantage 장점, 이점 disadvantage 단점 boredom 지루함, 따분함 entire 전체의 career 직업, 직장 생활 renovate 개조하다, 보수 공사를 하다 waste of time 시간 낭비 for a long time 오랫동안 coworker (직장) 동료 quit 그만두다 get promoted 승진되다 bored 지루한 especially 특히, 특별히 outweigh 보다 더 크다

2

서론 (주장)	There are many advantages and disadvantages to staying at the same company for your entire career. You can move up easily, because people know you. You can also learn new things and change positions more easily than at a new company. However, you may not like everything about your company, and that can be a major disadvantage to staying there.	평생 한 회사에서 일하는 것에는 많은 장단점이 있다. 사람들이 당신을 알기 때문에 쉽게 승진할 수 있다. 새로운 직장에서보다는 새로운 것을 배우고 직책을 바꾸는 일이 더 쉬울 수 있다. 그러나 회사의 모든 점이 다 마음에 들지 않을 수 있는데, 이는 그 회사에 머무르기에 큰 단점이 될 수 있다.
본론 1 (이유 1 / 예시 1)	First, working at the same company will allow you to move up easily. / Management will know who you are and know how good your work is. You can also build relationships with coworkers and managers, and this allows you to get promoted more quickly. However, if you switch jobs, you have to prove yourself all over again. Managers may not know you or know your work, so they will be less likely to promote you.	첫째, 한 회사에서 일하면 쉽게 승진할 수 있다. 경영진은 당신이 어떤 사람인지, 당신의 업무가 얼마나 훌륭한지 알고 있을 것이다. 또한 동료, 관리자들과 관계를 쌓을 수 있으며, 이를 통해 더 빠르게 승진할 수 있다. 그러나 직장을 옮긴다면 자신을 처음부터 다시 증명해야 한다. 관리자들은 당신과 당신의 업무에 대해 알지 못하므로 당신을 잘 승진시키지 않을 것이다.
본론 2 (이유 2 / 예시 2)	Another advantage to staying at the same company is that you will have more opportunities to learn new things. / I have been at my company for ten years. During that time, I have been given lots of opportunities to learn skills that I can use in different positions. I have been able to move throughout the company and do many different jobs. If I were to leave, I would have to stay in the same position, doing the same things, for at least a few years. But if I stay at my company, I can take any opportunity that they offer, because they know me and know I will be successful.	한 회사에 머무르는 데 따른 또 다른 장점은 새로운 것을 배울 기회가 더 많다는 사실이다. 나는 지금 회사에 10년간 근무 중이다. 그 기간 동안 다양한 직책에서 활용할 수 있는 기술을 배울 기회를 많이 얻었다. 전사에 걸쳐 이동할 수 있었고 많은 다양한 일을 했다. 내가 회사를 떠날 거라면 최소 몇 년간 똑같은 일을 하며 한 직책에 머물러야 할 것이다. 하지만 회사에 남아 있다면 그들이 주는 모든 기회를 잡을 수 있다. 그들은 나에 대해, 그리고 내가 성공할 것이라는 사실을 알기 때문이다.
본론 3 (이유 3 / 예시 3)	There is also a major disadvantage to staying at the same company. / If your company has a policy you don't like or if they don't pay well, staying there can be the wrong choice. You may start resenting your job, your bosses, and your coworkers if you stay at a place that doesn't pay you well or forces you to agree to policies that you don't like.	한 회사에 다니는 데는 단점도 있다. 당신의 회사에 당신이 싫어하는 규정이 있거나 급여가 충분치 않다면 그 회사에 계속 다니는 것은 잘못된 선택일 수 있다. 급여가 충분하지 않거나 당신이 싫어하는 규정에 동의하도록 강요하는 곳에 머무른다면 일과 상사, 동료에 대해 억울함을 느끼기 시작할 것이다.

| 결론
(재주장) | Overall, I believe there are a lot of advantages to staying at a company that you like for your entire career. If you agree with most of their policies and they pay well, there are more advantages to staying than leaving. However, if you don't like the company's policies, then the advantages probably aren't enough to keep you there for your entire career. | 전체적으로, 평생 좋아하는 회사에 다니는 것에는 수많은 장점이 있다고 생각한다. 회사 규정 대부분에 동의하고 급여가 만족스럽다면 회사를 떠나는 것보다 계속 다니는 편이 장점이 더 많다. 하지만 회사의 규정이 맘에 들지 않는다면 그러한 장점들 때문에 평생 그 직장에 다닐 만큼은 아닐 것이다. |

어휘 move up 승진하다 major 주요한, 중대한 management 경영진 build relationships 관계를 쌓다 coworker (직장) 동료 get promoted 승진하다 switch 바꾸다 promote 승진시키다 opportunity 기회 skill 기술, 능력 at least 최소한, 적어도 offer 제공하다, 제안하다 policy 방침, 정책 resent 분개하다, 불쾌하게 여기다 boss 상사 overall 전체적으로, 전반적으로

1.

both / look at
둘 다(의) / ~을 보다

1 They **both look at** the paper.
그들 둘 다 종이를 쳐다본다.

2 **Both** women are **looking at** a book.
여자 두 명 모두 책을 쳐다보고 있다.

2.

stand / near
서 있다 / ~ 근처에

1 The man is **standing near** his bicycle.
남자가 자신의 자전거 근처에 서 있다.

2 He **stands near** the public telephone.
남자가 공중전화 근처에 서 있다.

3.

many / outside
많은 / 밖에서

1 **Many** people are walking **outside**.
많은 사람들이 밖에서 걷고 있다.

2 **Many** people are shopping **outside**.
많은 사람들이 밖에서 쇼핑을 하고 있다.

4.

after / train
~ 한 후에 / 기차

1 ▶ **After** the **train** stops, the people get on.
기차가 멈춘 후에, 사람들이 탑승한다.

2 ▶ **After** the people board, the **train** will leave.
사람들이 탑승한 후에, 기차가 출발할 것이다.

5.

careful / since
조심하는 / ~하기 때문에

1 ▶ They are being **careful since** the tool is sharp.
연장이 날카롭기 때문에 그들은 조심하고 있다.

2 ▶ He cuts the wood **carefully since** he wants it to be perfect.
그는 완벽하게 하고 싶기 때문에 나무를 조심스럽게 자르고 있다.

6.

From:　　Hopkins Bookstore To:　　　Customer Mailing List Subject: Customer rewards program Sent:　　November 3, 4:32 P.M. Dear Customer, Hopkins Bookstore is launching a Customer Rewards Program. Shoppers will earn rewards points on every purchase, and they will be able to use these points to receive free merchandise. Please let us know if you have any questions about this program. Hopkins Bookstore	발신: 홉킨스 서점 수신: 고객 우편물 수신자 목록 제목: 고객 보상 프로그램 보낸 날짜: 11월 3일 오후 4시 32분 고객님께, 저희 홉킨스 서점에서는 고객 보상 프로그램을 시작합니다. 구매고객은 구매 시마다 보상 포인트를 받으며, 이 포인트는 무료 상품을 받을 때 사용할 수 있습니다. 해당 프로그램에 관한 질문이 있으시면 말씀해주십시오. 홉킨스 서점
Directions: Respond to the e-mail. In your e-mail, give ONE piece of information and ask TWO questions.	**지시사항:** 이메일에 회신하세요. 당신의 이메일에서 한 가지 정보를 제시하고 두 가지 질문을 하세요.

어휘 customer 고객, 소비자　reward 보상(금)　launch 시작하다　purchase 구매, 구입　free 무료의, 공짜의　merchandise 상품

1

(도입부) Hello,	안녕하세요.
(용건) (정보) I buy books from your online bookstore a lot. (질문 1) Can I earn rewards for online purchases? (질문 2) Also, how many points do I need in order to get free stuff?	귀하의 온라인 서점에서 책을 많이 구매하는데요. 온라인 구매 건에 대해 포인트를 받을 수 있나요? 그리고 무료 선물을 받으려면 몇 포인트가 필요한가요?
(마무리) Thank you.	감사합니다.

어휘 earn 얻다, 받다　in order to ~하기 위해　free 무료의, 공짜의　stuff 물건, 것

2

(도입부) Hi,	안녕하세요.
(용건) (질문 1) When are you starting this program? (질문 2) And do I get points for anything I buy or is this just for books? (정보) I buy a lot of coffee at your store, so I would like to earn points for those purchases.	이 프로그램은 언제 시작되나요? 구매한 모든 제품에 대해 포인트를 받나요, 아니면 책에만 해당되나요? 귀 서점에서 커피를 많이 사거든요. 그래서 이 구매 건에 대해 포인트를 받고 싶습니다.
(마무리) Thanks!	감사합니다!

어휘 a lot of 많은　store 가게, 매장

7.

From: Lucas Brent, Manager To: Customer Service Department Subject: Common customer complaints Sent: October 6, 9:00 A.M. Hi everybody, I'm planning to train some new customer service employees. I want them to get a sense of the issues they're most likely to hear about. What is the most common customer complaint you've heard, and how do you typically respond? Thanks, Lucas Customer Service Department Manager	발신: 루카스 브렌트, 관리자 수신: 고객서비스 부서 제목: 일반적인 고객 불만사항 보낸 날짜: 10월 6일 오전 9시 안녕하세요 여러분. 저는 고객서비스 신입 직원들을 교육할 계획입니다. 가장 많이 듣게 될 문제들에 대해 이들이 감을 잡았으면 합니다. 여러분이 들었던 고객 불만사항 중 가장 일반적인 것은 무엇입니까? 그리고 여러분은 보통 어떻게 응대하시나요? 감사합니다. 루카스 고객서비스 부서 관리자
Directions: Respond to the e-mail as if you are a customer service employee. In your e-mail, describe ONE complaint and give TWO pieces of information.	**지시사항:** 당신이 고객서비스 직원인 것처럼 이메일에 회신하세요. 당신의 이메일에서 한 가지 불만사항을 설명하고 두 가지 정보를 제시하세요.

어휘 Customer Service Department 고객서비스 부서 common 흔한, 공동의 complaint 불만사항 train 교육하다
employee 직원 issue 문제, 쟁점 typically 보통, 일반적으로 respond 대응하다, 응답하다

(도입부) Hi, Lucas,	안녕하세요, 루카스 씨.
(용건) (불만사항) People usually complain about our prices. (정보 1) I tell them that our products are more expensive because they are higher quality than others. (정보 2) I also tell them that we have sales, so they should wait until the product they want is on sale.	사람들이 보통 가격에 대해 불만을 제기하는데요. 우리 제품이 타 제품보다 품질이 우수하기 때문에 더 비싼 거라고 얘기합니다. 할인 판매도 하니, 원하는 제품이 할인에 들어갈 때까지 기다려야 한다고도 해요.
(마무리) Hope this helps! Robert	도움이 됐으면 좋겠습니다! 로버트

어휘 complain 불평하다, 불만을 제기하다 price 가격 product 제품 quality 품질 on sale 할인 중인

2

(도입부) Hello,	안녕하세요.
(용건) (불만사항) People usually complain about the shipping times. (정보 1) I explain that we use the cheapest delivery service so that our customers save money. (정보 2) I tell them that they can pay extra for faster delivery if they want their packages sooner.	사람들이 보통 배송 시간에 대해 불만을 제기해요. 저는 고객이 비용을 절감할 수 있도록 가장 저렴한 배송 서비스를 이용하고 있다고 설명합니다. 배송품을 더 빨리 받고 싶다면 추가 비용을 지불해 더 빠른 배송 서비스를 이용할 수 있다고 이야기해요.
(마무리) Let me know if you need more information. Liza	더 많은 정보가 필요하시면 말씀하세요. 리자

어휘 shipping 배송, 운송 explain 설명하다 delivery 배달, 배송 save 절약하다, 절감하다 pay extra 추가[별도] 비용을 지불하다
package 패키지, 포장물

8.

Which of the following qualities do you value MOST in a manager? Choose ONE and use specific examples and reasons to support your choice. • Creativity • Honesty • Sympathy	다음 자질 중 어떤 것이 관리자에게 가장 중요하다고 생각하는가? 한 가지를 선택하고 당신의 선택을 뒷받침할 구체적인 예시와 근거를 제시하라. • 창의성 • 정직 • 공감

1▶

서론 (주장)	I value many things about my manager but the quality I value most is honesty. An honest manager will tell you what you are doing well and how you can improve. In addition, an honest manager will be truthful about the company's future.	나의 관리자에 대해 많은 부분을 높이 평가하지만 가장 훌륭하게 여기는 자질은 정직이다. 정직한 관리자는 당신이 무엇을 잘하고 있고 어떻게 하면 더 나아질 수 있는지 이야기해줄 것이다. 아울러 정직한 관리자는 회사의 미래에 대해 정직하게 말할 것이다.
본론 1 (이유 1 / 예시 1)	I have a fantastic manager and the quality I value most in her is honesty. / She always tells me what my strengths are as an employee and what she thinks I need to improve. This helps me get better and learn more so that I can move up in the company. Some managers only give praise and do not give constructive criticism. This happened to my friend. Her manager was always telling her how great her work was but she never got promoted. It turned out that her sales were not as good as she thought. If her manager had been honest, she would have learned how to make more sales and she would have improved.	나에게는 멋진 관리자가 있으며, 그녀에게 가장 훌륭하다고 여기는 자질은 정직이다. 그녀는 직원으로서 내가 가진 강점과 자신이 생각하기에 내가 개선해야 할 점에 대해 항상 이야기해준다. 이는 내가 발전하고 더 많이 배워, 회사 내에서 승진할 수 있게 도움을 준다. 어떤 관리자들은 칭찬만 하고 건설적인 비평을 하지 않는다. 내 친구가 겪은 일이다. 친구의 관리자는 항상 친구의 업무가 얼마나 훌륭한지 이야기하지만 친구는 승진을 하지 못했다. 그녀의 판매량은 생각만큼 좋지 않았던 것으로 드러났다. 관리자가 솔직했더라면 친구는 판매량을 늘리는 방법을 배우고 개선될 수 있었을 것이다.
본론 2 (이유 2 / 예시 2)	My manager also tells me exactly how our company is doing and what we will need to do to be more competitive. / I work at a printing company and we have lost a lot of sales to online vendors. At first, I was scared because I thought our company would have to close, but she was very honest about the plan to adjust our sales strategy. This made me feel better and also helped me prepare to learn new skills so that the company would remain competitive.	나의 관리자는 우리 회사의 상황과 경쟁력을 높이기 위해 해야 할 일을 정확히 말해준다. 나는 인쇄업체에서 근무하는데 온라인 판매업체 매출이 많이 줄었다. 처음에는 회사가 문을 닫아야 할 거라고 생각해서 두려웠지만, 나의 관리자는 판매 전략 조정 계획에 대해 매우 솔직하게 얘기했다. 이를 통해 기분이 나아졌고 내가 새로운 기술을 배워 회사가 경쟁력을 유지할 수 있도록 도움이 됐다.

모범 답안 & 해석

결론 (재주장)	I value a lot of my manager's qualities, but the thing I value most is her honesty. She has made me a better employee by always telling me the truth. She has also made me feel better about the future of the company because she is honest about our company's position and strategy.	나의 관리자가 갖춘 많은 자질을 높이 평가하지만, 그 중에서도 내가 가장 훌륭하게 여기는 것은 정직이다. 그녀는 항상 사실을 얘기해줌으로써 내가 더 나은 직원이 될 수 있도록 했다. 또한 회사의 입장과 전략에 대해 솔직히 이야기해서 내가 회사의 미래에 대해 더 긍정적으로 여길 수 있게 했다.

어휘 value 높이 평가하다, 소중하게 생각하다 quality 자질 honesty 정직 in addition 게다가, 덧붙여 truthful 정직한 fantastic 굉장한, 기막히게 좋은 strength 강점 employee 직원 move up 승진하다 praise 칭찬 constructive 건설적인 criticism 비평 get promoted 승진하다 turn out ~으로 드러나다, 밝혀지다 exactly 정확히, 꼭 competitive 경쟁력 있는 vendor 판매업체, 노점상 at first 처음에는 scared 무서워하는, 두려운 adjust 조정하다, 조절하다 strategy 전략 tell ~ the truth ~에게 진실을 말하다

2

서론 (주장)	I think the most important quality in a manager is creativity. Managers need to think outside of the box in order to keep their team members inspired. They also need to solve problems creatively, especially when team members are having difficulty working together.	관리자로서 가장 중요한 자질은 창의성이라고 생각한다. 관리자는 자신의 팀원들이 계속 영감을 얻을 수 있도록 독창적으로 생각해야 한다. 특히 팀원들이 협동하는 데 있어 어려움을 겪을 때 문제를 창의적으로 해결해야 한다.
본론 1 (이유 1 / 예시 1)	The main reason why I value creativity in a manager more than the other qualities is that team members need to be inspired. / I work in advertising, so I need to be creative all the time. This can be difficult because I don't always have the energy to think of new ideas. When this happens, my manager steps in and inspires my team. She needs to think creatively to get the team out of our slump and ready to work again. One time, we had a tough deadline and we had no ideas for the project we were working on. My manager decided to bake cakes and bring them in for us to decorate. At first, I thought this was odd, but we had so much fun laughing and decorating the cakes. When we were finished, we came up with a great idea for the project.	관리자에게 있어 다른 어떤 자질보다 창의성을 중요하게 생각하는 가장 큰 이유는 팀원들이 영감을 받아야 하기 때문이다. 나는 광고업계에 종사하기 때문에 항상 창의적이어야 한다. 하지만 새로운 아이디어를 생각해낼 힘이 항상 있지는 않기 때문에 어려운 문제다. 이런 일이 생기면 나의 관리자가 개입해서 팀원들에게 영감을 준다. 팀이 슬럼프에서 빠져 나와 다시 일할 태세를 갖출 수 있도록 하기 위해 그녀는 창의적으로 생각해야 한다. 한번은 마감 일정이 촉박했는데 진행 중인 프로젝트에 대해 아이디어가 나오지 않았다. 나의 관리자는 케이크를 구워서 우리가 장식할 수 있도록 가져오기로 마음을 먹었다. 처음에는 이상하다고 생각했지만 우리는 웃고 케이크를 장식하며 매우 즐거운 시간을 보냈다. 끝마쳤을 때는 프로젝트에 관해 훌륭한 아이디어를 생각해낼 수 있었다.

본론 2 (이유 2 / 예시 2)	Another reason managers need to be creative is that they need to resolve conflicts. Pulling out the rule book isn't always the best way to help team members who disagree. Sometimes company policies do not cover the kinds of personality conflicts that happen. When two people clash, managers need to think of creative ways to get those people to talk, resolve the problem, and work happily together. / I've had managers in the past who weren't able to do this. They would talk about policies and rules, but not address the relationship issues. This sometimes solved the immediate problem, but the two people continued to dislike each other and continued not to want to work together. My current manager is so good at thinking of creative ways to solve problems that we really don't have any problems anymore.	관리자가 창의적이어야 하는 또 다른 이유는 갈등을 해결해야 한다는 점에서다. 의견이 엇갈리는 팀원들을 돕기 위해 규정집을 꺼내 드는 것만이 항상 최선의 방책은 아니다. 회사 규정에는 성격 차이에 관한 내용이 없을 때도 있다. 두 명이 충돌하면 관리자는 이들이 대화를 나누고 문제를 해결해 기쁜 마음으로 협동할 수 있게 만들 창의적인 방법을 생각해야 한다. 그렇게 하지 못하는 관리자들을 겪어본 적이 있다. 그들은 정책과 규정에 대해 이야기했지만 관계 문제를 해결하지 못했다. 그렇게 해서 즉각적인 문제 해결은 이뤄졌지만 그 둘은 서로를 계속 싫어하고 협동하려 하지 않았다. 나의 현재 관리자는 창의적인 문제 해결 방법을 생각해내는 데 아주 능해서 더 이상 아무 문제도 일어나지 않는다.
결론 (재주장)	In conclusion, I value creativity more than honesty and sympathy. The other two are definitely important, but creativity is more important in my field of advertising.	결론적으로, 정직과 공감보다 창의력이 더 중요하다고 본다. 다른 두 가지 자질도 물론 중요하지만 광고 분야에서는 창의력이 더욱 중요하다.

어휘 creativity 창의성 think outside of the box 고정 관념에서 벗어나다 inspire 영감을 주다 creatively 창조적으로
especially 특히 having difficulty -ing ~하는 데 어려움을 겪다 advertising 광고 all the time 항상
step in 개입하다 get ~ out of one's slump ~를 슬럼프에서 빠져 나오게 하다 tough 어려운, 힘든 deadline 마감 시한
decorate 장식하다 odd 이상한, 특이한 come up with ~을 생각해내다 resolve 해결하다 conflict 갈등, 충돌
rule book 규정집, 규칙서 policy 정책, 방침 cover 다루다 clash 충돌하다 address 처리하다 immediate 즉각적인
current 현재의 be good at ~을 잘하다 in conclusion 결론적으로 definitely 분명히, 절대 field 분야

모범 답안 & 번역

1.

clean / floor
청소하다 / 바닥

1 He **cleans** the **floor**.
그는 바닥을 청소한다.

2 The man is **cleaning** the **floor**.
남자가 바닥을 청소하고 있다.

2.

behind / desk
~ 뒤에 / 책상

1 She sits **behind** a **desk**.
그녀는 책상에 앉아 있다.

2 The woman is working **behind** a **desk**.
여자가 책상에서 일하고 있다.

3.

stand / and
서 있다 / 그리고

1 The people **stand and** wait for the bus.
사람들이 서서 버스를 기다린다.

2 They are **standing and** holding onto bags.
사람들이 서서 가방을 들고 있다.

4.

read / as

읽다 / ~하고 있을 때, ~하면서

1 She is **reading as** the man walks by.

남자가 지나갈 때 그녀는 책을 읽고 있다.

2 The woman sits outside **as** she **reads**.

여자는 책을 읽으면서 바깥에 앉아 있다.

5.

after / pay

~한 후에 / 지불하다

1 **After** he **pays**, he leaves.

그는 돈을 지불한 후 떠난다.

2 He is taking the bag **after paying**.

그는 돈을 지불한 후 가방을 가져가고 있다.

6.

From: G. Modi To: All employees Subject: Work schedule Sent: August 3, 2:16 P.M. I am creating a work schedule for next month. In order to do this, I need information about your workload. Please tell me about the projects you are currently working on. Thanks, Girisha Modi Manager	발신: G. 모디 수신: 전 직원 제목: 업무 일정 보낸 날짜: 8월 3일 오후 2시 16분 다음 달 업무 일정을 작성하고 있습니다. 이를 위해 여러분의 업무량에 관한 정보가 필요합니다. 현재 참여하고 있는 프로젝트에 대해 말씀해주십시오. 감사합니다. 기리샤 모디 관리자
Directions: Respond to the e-mail. In your e-mail, give THREE pieces of information.	**지시사항:** 이메일에 회신하세요. 당신의 이메일에서 세 가지 정보를 제시하세요.

어휘 work schedule 업무 일정 workload 업무량, 작업량 currently 현재 work on 진행하다, 노력을 들이다

1

(도입부) Hello,	안녕하세요.
(용건) (정보 1) I am currently working on one large project and three small ones. (정보 2) The large one should be finished by the end of the month, so I will have more time for new work. (정보 3) The small ones will not be done until November.	저는 현재 대형 프로젝트 하나와 소형 프로젝트 세 개를 맡고 있습니다. 대형 프로젝트가 이번 달 말까지 완료될 테니, 새 작업을 할 시간이 더 생길 겁니다. 소형 프로젝트들은 11월은 되어야 완료될 거예요.
(마무리) Best, M. Lee	M. 리

어휘 by the end of the month 이번 달 말 be done 끝나다

2

(도입부) Hi, Girisha,	안녕하세요, 기리샤 씨.
(용건) (정보 1) I am working on the museum renovation project and the library mural project. (정보 2) The library mural will be finished relatively soon, but not by the end of next month. (정보 3) So I do not think I will have time for anything else, unless we get more people to help with those jobs.	저는 박물관 보수 프로젝트와 도서관 벽화 프로젝트를 맡고 있습니다. 도서관 벽화는 상대적으로 빨리 끝나겠지만 다음 달 말은 되어야 끝날 것입니다. 따라서 해당 업무를 도와줄 사람들을 더 뽑지 않는 한, 다른 일을 할 시간은 없을 듯합니다.
Yoo-Chan	유찬

어휘 museum 박물관 renovation 개조, 수리, 보수 공사 mural 벽화 unless ~하지 않는 한

7.

From: Louisa Johnson, Restaurant Manager To: All Restaurant Employees Subject: Ways to increase business Sent: October 8, 9:20 A.M. Dear restaurant employees, As you know, we are trying to increase business here at the restaurant. Please send me ideas for ways we can attract new customers. I'd appreciate it if you could submit your suggestions by next week. Louisa Johnson Restaurant Manager	발신: 루이자 존슨, 식당 지배인 수신: 식당 전 직원 제목: 영업 증대 방편 보낸 날짜: 10월 8일 오전 9시 20분 식당 직원 여러분, 아시는 바와 같이 우리는 식당 매출을 증대하고자 노력하고 있습니다. 새로운 고객 유치 방법에 대한 아이디어를 저에게 보내주세요. 다음 주까지 제안을 제출해주시면 감사하겠습니다. 루이자 존슨 식당 지배인
Directions: Respond to the e-mail as if you work at a restaurant. In your e-mail, make THREE suggestions.	**지시사항:** 당신이 식당에서 근무하는 것처럼 이메일에 회신하세요. 당신의 이메일에서 세 가지 제안을 하세요.

어휘 employee 직원 increase 증가시키다, 늘리다 attract 유치하다, 끌어들이다 customer 고객, 소비자 appreciate 감사하다
submit 제출하다 suggestion 제안

1

(도입부) Hi, Louisa,	안녕하세요, 루이자 씨,
(용건) (제안 1) I think we need to offer coupons, because our prices are high. (제안 2) Also, we should change the menu every season and (제안 3) have weekly specials.	우리 가격이 비싸서 쿠폰을 제공해야 할 것 같아요. 이울러 계절마다 메뉴를 바꾸고 주간 특선 요리가 있어야 할 것 같아요.
(마무리) Best regards, Donna	도나

어휘 offer 제공하다, 제안하다 weekly 주간의 special (식당의) 특별 메뉴, 특선 요리

2

(도입부) Hello,	안녕하세요.
(용건) (제안 1) We need to update the restaurant to attract new customers. We should add an outdoor area so people can eat outside. (제안 2) We should also get new, more modern chairs and tables. (제안 3) Also, we should repaint the walls.	새 고객 유치를 위해 식당을 개조해야 할 것 같습니다. 야외 공간을 더해 사람들이 바깥에서 식사할 수 있도록 해야 해요. 그리고 새로운 최신식 의자와 탁자도 더 많이 있어야 합니다. 아울러 벽도 다시 칠해야 해요.
(마무리) Regards, Aaron	애런

어휘 update 새롭게 하다, 갱신하다 outdoor area 야외 공간 outside 밖에서, 밖으로 modern 최신의, 현대적인 repaint 다시 칠하다

8.

| Which ONE of the following contributes most to living a happy life? Why? Use reasons and examples to support your choice.

• Having a hobby
• Doing volunteer work
• Living near family members | 다음 중 어느 것이 행복한 삶을 사는 데 가장 중요한 원인이 되는가? 왜 그런가? 당신의 선택을 뒷받침할 근거와 예시를 제시하라.

• 취미를 갖기
• 자원봉사 활동하기
• 가족과 가까이 살기 |

서론 (주장)	Many things contribute to a happy life, but I think that living near family members contributes the most. If you live near your family, you always have people to spend time with. Also, family can help you when you have a problem or conflict.	많은 것들이 행복한 삶에 기여하지만, 식구들과 가까이 사는 것이 가장 기여도가 크다고 생각한다. 가족 가까이 살면 언제나 함께 시간을 보낼 사람들이 있다. 또한 가족은 문제나 갈등이 있을 때 도움을 줄 수 있다.
본론 1 (이유 1 / 예시 1)	I believe living near your family contributes the most to a happy life because you will always have people to spend time with. / After I graduated, I got a job in the city where my university is located. My family lived far away, so I could not visit them often. Though I had a lot of friends, I still had times when I did not have anyone to hang out with. This was especially true around holidays, when most of my friends traveled to see their families. I usually had to work, so I couldn't go home. Now that I live near my family, I never miss a holiday and I am only alone when I want to be.	가족 근처에 사는 것이 행복한 삶에 가장 크게 기여한다고 생각한다. 언제나 함께 시간을 보낼 사람들이 있기 때문이다. 졸업 후 내가 다닌 대학교가 있는 도시에 일자리를 구했다. 가족이 멀리 살았기 때문에 나는 자주 찾아갈 수가 없었다. 친구들은 많았지만 함께 어울릴 사람이 아무도 없을 때가 여전히 있었다. 특히 휴가 즈음에 그랬는데, 이때 친구들 대다수가 가족을 보러 갔다. 나는 대개 일을 해야 했기 때문에 집에 갈 수 없었다. 나는 가족 가까이 살기 때문에 휴일을 절대 놓치는 일이 없으며, 내가 원할 때만 혼자 있을 수 있다.
본론 2 (이유 2 / 예시 2)	The main reason I believe that living near family contributes the most to a happy life is that your family is available to help you when you have a problem. / My parents live very close and can help me whenever I need them. I have two children now, and they help watch my kids whenever I need a babysitter. Sometimes I have to work late and cannot pick them up from school. When this happens, my parents pick up the kids. If one of my kids is sick, I can send the other one to my parents' house so that she stays healthy. And when I get sick, my parents come over to help me out. This makes my life less stressful and much happier.	가족 가까이 사는 것이 행복한 삶에 가장 크게 기여한다고 믿는 주요한 이유는 문제가 있을 때 가족이 도와줄 수 있기 때문이다. 나의 부모님은 매우 가까운 곳에 사셔서 내가 필요로 할 때마다 도움을 주실 수 있다. 나는 현재 두 명의 자녀가 있는데, 부모님은 아이 봐줄 사람이 필요할 때마다 아이들을 돌봐주신다. 가끔 야근을 해야 해서 아이들을 학교에서 데려올 수 없을 때가 있다. 이럴 때 부모님은 아이들을 데려와주신다. 아이들 중 한 명이 아프면 나는 다른 아이를 부모님 댁에 보내서 건강하게 지내도록 할 수 있다. 내가 아플 때 부모님은 나를 도와주러 오신다. 이것이 내 삶의 스트레스를 줄여주고 더 행복하게 해준다.

결론 (재주장)	As you can see, living near family contributes a lot to a happy life. It means that you are never alone, and it means that someone is always there to help you.	보다시피 가족 근처에 사는 것은 행복한 삶에 크게 기여한다. 절대 혼자가 아니라는 것이고, 누군가 도와줄 사람이 항상 있다는 의미다.

어휘 contribute to ~에 기여하다, ~의 원인이 되다 conflict 갈등, 충돌 graduate 졸업하다 located 위치한 hang out with ~와 어울려 시간을 보내다 especially 특별히, 특히 now that ~이기 때문에, ~이므로 miss 놓치다 available 이용 가능한 babysitter 아이를 봐주는 사람 pick up (from) (~에서) 데려오다 healthy 건강한, 건강에 좋은 help out 도와주다 stressful 스트레스가 많은

2

서론 (주장)	I believe that having a hobby, doing volunteer work, and living near family all contribute to living a happy life. The thing that contributes the most will vary from person to person. For me, having a hobby helps me live a happy life, because it reduces my stress, makes me feel like I'm still learning new things, and helps me meet new people. My hobby is knitting, and it makes me very happy.	취미 갖기, 자원봉사 하기, 가족과 가까이 살기는 모두 행복한 삶을 사는 데 기여한다고 생각한다. 가장 기여도가 큰 것은 사람마다 다를 것이다. 나에게는 취미를 갖는 것이 행복한 삶을 살도록 도와준다. 스트레스를 줄여주고, 여전히 새로운 것을 배우고 있다는 느낌을 주며 새로운 사람들을 만날 수 있도록 해주기 때문이다. 내 취미는 뜨개질인데 나를 무척 행복하게 해준다.
본론 1 (이유 1 / 예시 1)	First, knitting reduces my stress. / When I come home from a hectic day at work, knitting makes me feel calm. It is a very soothing activity, and I can do it while watching TV, listening to music, or talking on the phone. Sometimes, I take my yarn to work and knit at lunch. This makes my afternoon go more smoothly, since I'm less stressed after lunch. Having less stress makes it easier for me to live a happy life.	첫째, 뜨개질은 스트레스를 줄여준다. 회사에서 정신없이 바쁜 하루를 보내고 집에 돌아왔을 때, 뜨개질은 안정감을 느끼도록 해 준다. 무척 위로가 되는 행위이며 TV 시청, 음악 듣기, 전화 통화 중에 즐길 수 있다. 가끔 사무실에 실을 가져가서 점심시간에 뜨개질을 한다. 이렇게 하면 점심시간 이후에 스트레스를 덜 받기 때문에 오후가 더욱 순조로워진다. 스트레스가 적어지면 행복한 삶을 살기가 더 쉬워진다.
본론 2 (이유 2 / 예시 2)	Another way that knitting helps me have a happier life is that it makes me feel like I'm still learning new things. / When I started knitting, I only made scarves because that was the easiest for me. Since then, I've learned how to make socks, hats, and sweaters. I've learned how to do different designs and use different kinds of yarn. I plan on learning a new sweater pattern every year, which will keep me busy for a long time. It makes me very happy to know that I will continue to educate myself and grow as a knitter.	뜨개질이 나의 삶이 더 행복해지도록 돕는 또 다른 방법은 여전히 새로운 것을 배우고 있다고 느끼게 해준다는 점이다. 뜨개질을 처음 시작했을 때, 나는 목도리만 짰다. 그게 가장 쉬웠기 때문이다. 이후 양말, 모자, 스웨터 짜는 법을 배웠다. 다양한 디자인 만드는 법과 다양한 종류의 실 사용법도 배웠다. 매년 새로운 스웨터 패턴을 배우기로 계획을 세웠는데 이는 오랫동안 나를 바쁘게 만들 것이다. 계속 독학하고 뜨개질 애호가로 성장할 것임을 아는 것은 나를 매우 행복하게 한다.

본론 3 (이유 3 / 예시 3)	Finally, my hobby makes me happy because it helps me meet new people. / I am in several knitting groups, so I've made many friends over the years. I started a knitting group at work, which enabled me to meet lots of people from different departments. I also belong to an online knitting group and a group in my neighborhood. The online group has knitters from all over the world, and it's constantly adding new members. The neighborhood group has about 50 people, and some of us meet at coffee shops to hang out.	마지막으로, 취미를 통해 새로운 사람들을 만날 수 있어서 기쁘다. 나는 여러 개의 뜨개질 동호회에 속해 있어서 수년간 친구도 많이 사귀었다. 직장에서 뜨개질 모임을 시작했는데 이로 인해 다양한 부서의 많은 사람들을 만날 수 있었다. 또한 온라인 뜨개질 모임과 인근 지역 모임에도 속해 있다. 온라인 모임에는 전 세계 뜨개질 애호가들이 있으며 계속 새로운 회원이 들어온다. 인근 지역 모임에는 약 50명이 있는데 몇몇은 커피숍에서 만나 어울린다.
결론 (재주장)	There are other reasons why having a hobby contributes the most to a happy life. The ones above are all related to my hobby of knitting, but I am sure other hobbies contribute different things to people's lives.	취미를 갖는 일이 행복한 삶에 가장 크게 기여하는 여러 가지 이유가 있다. 위의 이유들은 모두 내 뜨개질 취미와 관련이 있다. 하지만 다른 취미 역시 사람들의 삶에 다양하게 이바지하고 있다고 믿는다.

어휘 volunteer work 자원봉사 (활동) vary 다양하다, 다르다 from person to person 사람마다 reduce 줄이다, 감소시키다 knitting 뜨개질 hectic 바쁜 calm 차분한, 침착한 soothing 달래는, 위로하는 yarn 실 smoothly 순조롭게, 부드럽게 educate oneself 독학하다 enable ~할 수 있게 하다 belong to ~에 속하다 constantly 끊임없이, 계속 neighborhood 근처, 인근 related to ~와 관련이 있는

모범 답안 & 번역